Neuropsychologie der Alkoholabhängigkeit

Fortschritte der Neuropsychologie
Band 8
Neuropsychologie der Alkoholabhängigkeit
von Dr. Armin Scheurich und Dr. Barbara Brokate

Herausgeber der Reihe:
Prof. Dr. Herta Flor, Prof. Dr. Siegfried Gauggel,
Prof. Dr. Stefan Lautenbacher, Dr. Hendrik Niemann,
Dr. Angelika Thöne-Otto

Neuropsychologie der Alkoholabhängigkeit

von Armin Scheurich
und Barbara Brokate

HOGREFE · GÖTTINGEN · BERN · WIEN · PARIS · OXFORD · PRAG · TORONTO
CAMBRIDGE, MA · AMSTERDAM · KOPENHAGEN · STOCKHOLM

Dr. Armin Scheurich, geb. 1964. 1989-1996 Studium der Psychologie in Heidelberg. 2002 Promotion. 1997 wissenschaftlicher Mitarbeiter als klinischer Psychologe und Neuropsychologe in der Klinik für Psychiatrie und Psychotherapie der Universität Mainz. Seit 2004 Leitender Psychologe der Klinik für Psychiatrie und Psychotherapie der Universität Mainz. Arbeitsschwerpunkte: Neuropsychologie bei Alkoholabhängigkeit, dementiellen Erkrankungen, Depression, ADHS; Psychotherapie früh diagnostizierter Demenzpatienten; Supervision von Einzel- und Gruppenpsychotherapie.

Dr. Barbara Brokate, geb. 1959. 1977-1984 Studium der Psychologie an der Universität Gießen. Therapeutische Tätigkeit in Einrichtungen zur Langzeittherapie für Polytoxikomane, in der forensischen Psychiatrie und in der Psychiatrie. Seit 1998 Leitung der Abteilung Klinische Psychologie im Klinikum Bremen Ost. Arbeitsschwerpunkte: Neuropsychologische Diagnostik und Psychotherapie in der Psychiatrie, Erstellung von Rechtspsychologischen Gutachten zur Frage der Glaubhaftigkeit und Schuldfähigkeit.

Bibliografische Information der Deutschen Nationalbibliothek

Die Deutsche Nationalbibliothek verzeichnet diese Publikation in der Deutschen Nationalbibliografie; detaillierte bibliografische Daten sind im Internet über http://dnb.d-nb.de abrufbar.

© 2009 Hogrefe Verlag GmbH & Co. KG
Göttingen · Bern · Wien · Paris · Oxford · Prag · Toronto
Cambridge, MA · Amsterdam · Kopenhagen · Stockholm
Rohnsweg 25, 37085 Göttingen

http://www.hogrefe.de
Aktuelle Informationen · Weitere Titel zum Thema · Ergänzende Materialien

Umschlagbild: © Bildagentur Mauritius GmbH
Satz: Grafik-Design Fischer, Weimar
Druck: Druckerei Kaestner GmbH & Co. KG, 37124 Göttingen
Printed in Germany
Auf säurefreiem Papier gedruckt

ISBN 978-3-8017-2056-8

Inhaltsverzeichnis

1 Beschreibung der Alkoholabhängigkeit

1.1 Klassifikation: Alkoholabhängigkeit, Alkoholmissbrauch und soziales Trinken

1.1.1 Alkoholabhängigkeit

Die Alkoholabhängigkeit ist in der Bundesrepublik Deutschland seit 1968 als Krankheit vom Bundessozialgericht anerkannt (John, 1996). Das Hauptkriterium der Alkoholabhängigkeit besteht in der Unmöglichkeit, den Konsum zu beschränken oder zu kontrollieren. Der Konsum hat Vorrang gegenüber anderen Verhaltensweisen, die vor Einsetzen der Alkoholabhängigkeit höher bewertet wurden (ICD-10) und führt zu klinisch bedeutsamen Beeinträchtigungen oder Leiden (DSM-IV). Im Gegensatz zu sozial durchschnittlichem Alkoholkonsum oder auch zu Alkoholmissbrauch entwickeln sich bei alkoholabhängigen Menschen Anzeichen körperlicher Abhängigkeit in Form von charakteristischen Entzugssymptomen (Zittern, Schwitzen, Puls- und Blutdruckerhöhung, Übelkeit, Erbrechen, Angst, Unruhe) und Toleranzentwicklung (Gewöhnung an höhere Mengen Alkohols). Neben diesen körperlichen Symptomen stellen sich die Anzeichen einer psychischen Abhängigkeit ein. Hierzu zählen der Kontrollverlust über den Konsum (Substanzgebrauch in größerer Menge oder länger als beabsichtigt, erfolglose Versuche der Reduktion), die Vernachlässigung anderer wichtiger sozialer und beruflicher Interessen und die Fortsetzung des Konsums trotz negativer Konsequenzen. Diese der Diagnosestellung zugrunde liegenden Kriterien stimmen zwischen ICD-10 und DSM-IV überein. Lediglich das Kriterium des starken Verlangens oder des Zwangs, Alkohol zu konsumieren, ist nur im ICD-10 enthalten. In Tabelle 1 sind die diagnostischen Kriterien beider Diagnosesysteme aufgeführt. Nach beiden Systemen wird die Alkoholabhängigkeit syndromal diagnostiziert. Das heißt, eine Anzahl von drei oder mehr Symptomen aus den sechs (ICD-10) oder sieben (DSM-IV) möglichen Symptomen müssen gegeben sein, damit die Diagnose vergeben werden kann.

Alkoholabhängigkeit als Krankheit

Alkoholabhängigkeit als Syndrom

In beiden Diagnosesystemen werden keine ätiologischen Faktoren berücksichtigt. Das heißt es werden keine prädisponierenden Faktoren oder Vulnerabilitäten formuliert, die eine Alkoholabhängigkeit begünstigen würden. So werden keine sozialen Faktoren wie niedriger sozio-ökonomischer Status oder eine schlechte soziale Integration und keine psychische Vulnerabilität z. B. im Sinne erhöhter Ängstlichkeit oder prädisponierende Persönlichkeitsfaktoren wie z. B. erhöhte Impulsivität oder antisoziales Verhalten als ätiologische Faktoren berücksichtigt.

Alkoholabhängigkeit wird phänomenologisch syndromal und nicht nach ätiologischen Kriterien diagnostiziert

Tabelle 1:
Vergleich der Diagnosekriterien nach ICD-10 und DSM-IV

ICD-10: Abhängigkeitssyndrom Drei oder mehr der Kriterien kamen zusammen für mindestens einen Monat oder innerhalb von zwölf Monaten wiederholt vor	DSM-IV: Alkoholabhängigkeit Drei oder mehr der Kriterien kamen innerhalb desselben Zwölf-Monats-zeitraumes vor
1. *Ein starker Wunsch oder eine Art Zwang, Alkohol zu konsumieren.*	
2. Verminderte Kontrollfähigkeit bezüglich des Beginns, der Beendigung und der Menge des Konsums.	4. Anhaltender Wunsch oder erfolglose Versuche, den Alkoholgebrauch zu ver-ringern oder zu kontrollieren. 3. *Alkohol wird häufig in großen Mengen oder länger als beabsichtigt eingenom-men.*
3. Ein körperliches Entzugssyndrom bei Beendigung oder Reduktion des Kon-sums.	2. Entzugssymptome
4. Nachweis einer Toleranz.	1. Toleranzentwicklung
5. Fortschreitende Vernachlässigung anderer Vergnügen oder Interessen zugunsten des Alkoholkonsums, erhöhter Zeitaufwand, um den Alkohol zu beschaffen, zu konsumieren oder sich von den Folgen des Konsums zu erholen.	5. Viel Zeit für Aktivitäten, um Alkohol zu beschaffen, zu sich zu nehmen oder sich von den Wirkungen zu erholen. 6. *Wichtige, soziale, berufliche oder Frei-zeitaktivitäten werden aufgrund des Alkoholgebrauchs eingeschränkt oder aufgegeben.*
6. Anhaltender Alkoholkonsum trotz Nach-weises eindeutiger schädlicher Folgen wie z. B. Leberschädigung, depressiver Stimmung oder Verschlechterung kognitiver Funktionen.	7. Fortgesetzter Gebrauch trotz Kenntnis eines anhaltenden oder wiederkehren-den körperlichen oder psychischen Pro-blems, das wahrscheinlich durch den Alkohol verursacht oder verstärkt wurde.

1.1.2 *Alkoholmissbrauch*

Alkoholmissbrauch nach DSM-IV ist gekennzeichnet durch ein unange-passtes Muster von Alkoholgebrauch, das in klinisch bedeutsamer Weise zu Beeinträchtigungen oder zu einer Gefährdung in einem der folgenden vier Bereiche führt: Versagen bei der Erfüllung wichtiger Verpflichtungen bei der Arbeit, in der Schule oder zu Hause; körperliche Gefährdung durch Konsum in Gefahrensituationen; Probleme mit dem Gesetz aufgrund des Konsums; wiederholte soziale oder zwischenmenschliche Probleme auf-grund des Alkoholkonsums. Das Pendant zur DSM-IV-Kategorie Alkohol-missbrauch ist im ICD-10 der schädliche Gebrauch von Alkohol. Der schädliche Gebrauch ist als Alkoholkonsum definiert, der zu einer tatsächlichen Schädigung der psychischen oder physischen Gesundheit des Konsumenten führt. Durch die Beschreibung der Definitionen wird bereits deutlich, dass es keine ausreichende Übereinstimmung zwischen beiden Konzepten gibt. Ferner sind sie nur eingeschränkt reliabel. Die Übereinstimmungsreliabilität für Missbrauch liegt bei Kappa = 0,30 (Soyka & Koller, 1999). Mit diesen Konzepten wird also keine einheitliche Gruppe von Patienten oder Personen erfasst. Trotzdem ist die Kategorie Alkoholmissbrauch wichtig, um Personen mit gesundheitsschädlichem Konsum identifizieren zu können.

Alkohol-missbrauch und schädlicher Gebrauch sind nicht einheitlich definiert und nur eingeschränkt reliabel

1.1.3 Die Untersuchung alkoholabhängiger Patienten

Die Folgen des Alkoholkonsums für die neuropsychologische Leistungsfähigkeit werden in der Regel an alkoholabhängigen Patienten untersucht. Sehr hoher sozialer Konsum und Alkoholmissbrauch führen zwar auch zu kognitiven Beeinträchtigungen, beide Phänomene werden jedoch viel seltener auf kognitive Beeinträchtigungen hin überprüft.

Auch Alkohol-missbrauch und hoher Konsum beim sozialen Trinken gehen mit dem Risiko kognitiver Defizite einher

Das ist einerseits in methodischen Problemen begründet. So sind Alkoholmissbrauch und sozialer Konsum weniger gut definiert als die Alkoholabhängigkeit. Alkoholmissbrauch ist überdies nur eingeschränkt reliabel diagnostizierbar. Alkoholabhängige Patienten, die wegen der Alkoholabhängigkeit behandelt werden, sind dagegen eine gut definierte Untersuchungsgruppe, die anlässlich der Entgiftungsbehandlungen gut ansprechbar und untersuchbar sind.

Zusätzlich war die Befundlage bei Untersuchungen zum sozialen Trinken lange Zeit unklar und von vielen widersprüchlichen Ergebnissen geprägt. Später hat das Ergebnis, dass moderater sozialer Konsum keine bedeutsamen kognitiven Defizite nach sich zieht dazu beigetragen, dass die Folgen sozialen Konsums seltener untersucht werden.

Hoher sozialer Konsum wird selten auf kognitive Folgen hin untersucht

1.2 Epidemiologie und kulturelle Sonderstellung des Alkohols

Nach einer Hochrechnung des Instituts für Therapieforschung München basierend auf der epidemiologischen Erhebung von Kraus und Augustin (2001) betreiben in Deutschland 1,6 Millionen Erwachsene oder 3,3 % der Personen im Alter von 18 bis 59 Jahren Alkoholmissbrauch. Zusätzlich sind 1,5 Millionen Personen (3,1 %) alkoholabhängig und davon sind ca. 385.000 Personen (25 %) deswegen in Behandlung.

1,5 Mio. Erwachsene sind abhängig vor dem Hintergrund einer kulturellen Sonderstellung der psychotropen Substanz Alkohol

Insgesamt wurde für 23,6 % (5,8 Millionen) der Männer und 11,7 % (2,7 Millionen) der Frauen im Mittel ein Konsum von mehr als 30 respektive

20 Gramm Reinalkohol pro Tag (Kraus & Augustin, 2001) ermittelt. Als Grenze für Alkoholkonsum, der zu gesundheitlichen Schäden führen kann, wird von der WHO 40 Gramm reiner Alkohol pro Tag für Männer (entspricht dem Konsum von 1,0 Liter Bier) und 20 Gramm für Frauen (entspricht 0,5 Liter Bier) angegeben (Saunders et al., 1993). Nur 2,3 % der 18- bis 59-jährigen Personen gaben an, noch nie Alkohol getrunken zu haben. Im Zwölf-Monatszeitraum waren nur 5,5 % der Befragten alkoholabstinent.

Im Vergleich betreiben „nur" ca. 150.000 Personen problematischen Konsum (in der Regel Missbrauch oder Abhängigkeit) von Opiaten (Heroin) und ca. 90.000 (60 %) sind davon in Behandlung (Augustin & Kraus, 2004). Der Vergleich zum Opiatkonsum verdeutlicht, wie weit verbreitet und wie hoch der Alkoholkonsum in Deutschland ist. Diese Popularität des Konsums verdankt der Alkohol einer geschichtlich entwickelten Sonderstellung unter den Drogen in Europa.

Im Gegensatz zum Umgang mit anderen psychoaktiven Substanzen sind die Verwendung und der Verkauf der psychoaktiven Substanz Alkohol straffrei und nicht an die Verschreibung durch einen Arzt gebunden. Alkohol kann in Europa flächendeckend in nahezu allen Supermärkten, Lebensmittelgeschäften, Gaststätten etc. erworben werden und öffentlich ohne rechtliche oder soziale Konsequenzen konsumiert werden. Kulturell tradiert sind Feste, die den Alkohol selbst in den Mittelpunkt stellen und feiern. Weinfeste, Starkbieranstiche und das weltbekannte Oktoberfest drehen sich um den Alkohol und um den Konsum desselben. Die Kenntnis und die Wertschätzung guter Weine gelten in der Gesellschaft als hohe Lebenskultur, zu deren Ausbildung einschlägige Ratgeber und „Weinführer" auf dem Büchermarkt erhältlich sind. Der Umgang mit der psychoaktiven Substanz Alkohol, der erste Alkoholkonsum und der erste Alkoholrausch werden ebenso gesellschaftlich, in der Regel in Familie oder im Freundeskreis, vermittelt. Die ersten Rauscherfahrungen werden gemeinsam bewältigt und der Alkoholkonsum so gemeinsam „erlernt" (Bühringer, 2000a). Unter den psychoaktiven Substanzen kommt dem Alkohol somit eine Sonderstellung zu, die für Psychopharmaka und andere Drogen nicht gegeben ist. Diese Liberalität im Umgang mit Alkohol führt zu einem sehr hohen Pro-Kopf-Konsum in Deutschland von etwa 10 Litern reinem Alkohol/Jahr. Umgerechnet trinkt jeder Erwachsene in Deutschland einen halben Liter Bier täglich. In Ländern, die den Alkoholkonsum beschränken, liegt der durchschnittliche Konsum deutlich niedriger (in Schweden z. B. bei 5,1 Liter). Da die alkoholbedingten körperlichen Folgeerkrankungen und die Prävalenz für Alkoholmissbrauch und Abhängigkeit mit dem Pro-Kopf-Konsum steigen (Room et al., 2005), steht der Volkstümlichkeit der psychoaktiven Substanz Ethanol ein hohes Maß an individuellen und gesellschaftlichen Risiken und Schäden gegenüber.

4

Die gesellschaftlichen Folgen des hohen Alkoholkonsums zeigen sich in einer hohen alkoholbedingten Mortalität und hohen volkswirtschaftlichen Kosten. In einem Jahr sterben durchschnittlich 42.000 Personen direkt an den Folgen des Alkoholmissbrauchs oder indirekt durch Unfälle mit alkoholisierten Verursachern (Bühringer, 2000b). Im Jahr 2003 starben 817 Personen bei insgesamt 24.245 Verkehrsunfällen, bei denen die Alkoholisierung eines Verkehrsteilnehmers unfallursächlich war (Höhenscheid & Straube, 2005). Die volkswirtschaftlichen Kosten alkoholbedingter Krankheiten werden auf durchschnittlich 20,6 Milliarden Euro geschätzt, wobei sich der größte Anteil des Schadens mit 7 Mrd. Euro auf die alkoholbedingte Mortalität bezieht. Diesen Kosten stehen jährliche Einnahmen von etwa 3,5 Mrd. Euro aus alkoholbezogenen Steuern gegenüber (Bühringer, 2000a).

Der Volkstümlichkeit des Alkohols stehen enorme individuelle und gesellschaftliche Schäden gegenüber

1.3 Krankheitsverlauf und Prognose

1.3.1 *Der typische Verlauf zu Beginn der Erkrankung*

Die Alkoholabhängigkeit folgt in ihrem Verlauf einem erstaunlich stabilen Muster. Schuckit et al. (1995) konnten in ihrer Studie insgesamt 44 Ereignisse identifizieren, die während der Alkoholabhängigkeit sukzessive auftreten.

Die Erkrankung beginnt mit unangepasstem Trinkverhalten und ersten Anzeichen sozialen Kontrollverlustes in Form aggressiven Verhaltens unter Alkoholintoxikation (Schlägereien, Streitigkeiten unter Alkohol). Erste Anzeichen erhöhter Selbstgefährdung machen sich bemerkbar (z. B. Trinken in gefährlichen Situationen). Das Trinkverhalten spiegelt den einsetzenden Kontrollverlust wider. Es wird zu Zeiten getrunken, wo es eigentlich nicht intendiert war und es wird mehr und länger getrunken als beabsichtigt. Es stellen sich erste soziale Nachteile ein (Probleme am Arbeitsplatz; Rückzug von Freunden und alkoholbedingte familiäre Probleme). Am Abschluss dieser Anfangsphase stehen Blackouts nach Alkoholkonsum und die Toleranzentwicklung.

Unangepasstes Trink- und Sozialverhalten, Kontrollverlust

In der mittleren Phase folgt die Anwendung erster Regeln, um den Alkoholkonsum zu begrenzen. Das frühmorgendliche Trinken, das zwanghafte Verlangen Alkohol zu konsumieren, wenn man gerade nicht trinken kann und die Unfähigkeit, das Trinkverhalten zu verändern, setzen ein und führen zu deutlichen Nachteilen durch das Trinken. Es kommt zu ersten sozialen Sanktionen durch die Familie oder Freunde, körperliche Gewalt gegen Familienmitglieder tritt auf und erste selbstverletzende Unfälle unter Alkohol und Autounfälle unter Alkohol ereignen sich. Erst gegen Ende dieser mittleren Phase wird typischerweise erkannt, dass man selbst ein exzessiver Trinker ist.

Erfolglose
Versuche, das
Trinken zu
begrenzen, gra-
vierende soziale
und schließlich
gesundheitliche
Schäden
Die dritte Phase ist durch schwere soziale und gesundheitliche Nachteile
für die Betroffenen gekennzeichnet. Das Trinken verursacht ernste Probleme in der Partnerschaft. Inhaftierungen wegen Fahrens unter Alkohol
treten auf. Es kommt zu erfolglosen Versuchen, das Trinken zu begrenzen
oder einzustellen, zum Auftreten des Entzugssyndroms und schließlich zu
solch gravierenden Symptomen und Störungen wie Delirium tremens und
Halluzinationen. Die schweren körperlichen Folgen sind Lebererkrankungen, Pankreatitis und Entzugskrampfanfälle.

1.3.2 Alkoholabhängigkeit als chronische Erkrankung und die Stabilität der Diagnose

Für die Patienten in der suchtspezifischen Behandlung gilt nach wie vor
die Beschreibung, dass „die Alkoholabhängigkeit eine chronische Erkrankung" ist (John, 1996). Diese Beschreibung wurde 1996 noch für alle
alkoholabhängigen Personen herangezogen. Die Ergebnisse epidemiologi-
scher Studien haben seither jedoch wiederholt aufgezeigt, dass sich vor allem leichter betroffene Alkoholabhängige sogar ohne suchtspezifische Intervention wieder von der Erkrankung erholen und teilweise zu abstinenter
Remission oder non-abstinenter Remission zurückfinden.

Dawson et al. (2005) führten auf der Grundlage einer repräsentativen Befragung eine diagnostische Untersuchung alkoholabhängiger erwachsener
Personen durch. Sie befragten alle Personen, die eine vorbestehende Diagnose Alkoholabhängigkeit bis zum Jahr vor dem Interview aufwiesen
(„prior to past year dependence"). Sie fanden, dass 25 % der Patienten auch
aktuell die Kriterien für Alkoholabhängigkeit erfüllten. Bei 27,3 % wurde
eine partielle Remission diagnostiziert (nur ein oder zwei Symptome der
Abhängigkeit waren erfüllt), 11,8 % der Betroffenen waren zum Zeitpunkt
der Befragung asymptomatische „risk drinker" (bei Männern mehr als 14
Standard Drinks in der Woche (i. e. 238 Gramm/Woche)). 17,7 % waren
asymptomatische „low-risk drinker" (weniger als 14 Standard Drinks pro
Woche) und 18,2 % waren zum Zeitpunkt der Befragung abstinent.

Alkoholabhän-
gige in sucht-
spezifischer
Behandlung
sind chronisch
krank, während
die Diagnose
Alkoholabhän-
gigkeit bei
Probanden
epidemiologi-
scher Studien
instabiler ist
Culverhouse et al. (2005) untersuchten die Stabilität der Diagnose Alkoholabhängigkeit sowohl bei Patienten in der ambulanten oder stationären
Versorgung als auch bei alkoholabhängigen Personen aus der Allgemeinbevölkerung. Für die Patienten in Behandlung ergab sich eine Stabilität der
Diagnose von 90,5 % für Frauen und 94,7 % für Männer. Bei den aus der
Allgemeinbevölkerung stammenden alkoholabhängigen Personen ergab
sich eine Stabilität der Diagnose nach fünf Jahren von nur 27,5 % bei den
Frauen und 64,7 % bei den Männern. Die Autoren schlussfolgern, dass die
Stabilität der Diagnose Alkoholabhängigkeit vom Schweregrad der Erkran-
kung abhänge und bei den eher leichter betroffenen alkoholabhängigen

6

Personen aus epidemiologischen Erhebungen somit eine geringere Stabilität als bei den schwerer betroffenen Patienten in der suchtspezifischen Behandlung vorliege.

1.3.3 Inanspruchnahme professioneller Hilfe und Remmissionsraten mit und ohne Behandlung

Wie den epidemiologischen Daten zu entnehmen ist, erhalten viele von Alkoholmissbrauch oder Alkoholabhängigkeit Betroffene keine Behandlung. Bei Suchterkrankungen bestehen extreme Latenzen zwischen Beginn der Erkrankung und dem Einsetzen der professionellen Hilfe (Mann et al., 2007). In einer repräsentativen deutschen Stichprobe hatten 70 % der aktuell Alkoholabhängigen bis zum Erhebungsdatum lebenslang noch keine professionelle Hilfe erhalten (Rumpf et al., 2000). Für die USA und Kanada wurde nachgewiesen, dass in den ersten 15 Jahren nach Krankheitsbeginn weniger als 50 % der Betroffenen Behandlung in Anspruch nehmen (Olfson et al., 1998). Bei den Gründen für diese Nicht-Inanspruchnahme therapeutischer Hilfe steht die sehr spät einsetzende Wahrnehmung des Alkoholproblems bzw. die sehr späte persönliche Einsicht, ein „exzessiver Trinker" zu sein (siehe oben), an erster Stelle (Rumpf et al., 2000). Ferner ist die Scham vor Öffentlichkeit anzuführen und die aktive Verleugnung, ein Alkoholproblem zu haben. Parallel zu dem gesellschaftlich allgegenwärtigen und sozial positiv bewerteten Alkoholkonsum ist ein im tatsächlichen Ausmaß der Öffentlichkeit weitgehend verborgenes Krankheitsgeschehen zu verzeichnen. Das bedeutet, dass sowohl die Entwicklung der Erkrankung als auch eine Erholung davon für viele Betroffene ohne Kontakt mit professionellen Helfern verläuft. Den Ergebnissen einer kanadischen Studie zufolge hatten 75 % der Personen, die einen problematischen Alkoholkonsum erfolgreich beenden konnten, keine professionelle Hilfe erhalten (Sobell et al., 1996). In der erwähnten repräsentativen deutschen Studie (Rumpf et al., 2000) hatten 66,3 % der seit zwölf Monaten remittierten alkoholabhängigen Patienten keinen Kontakt zum professionellen Hilfssystem. Obwohl diese Beobachtungen in erster Linie die leichten Formen der Abhängigkeitserkrankung betreffen, stellt die Remission ohne fachliche Hilfe den häufigsten Weg aus der Alkoholabhängigkeit dar.

Scham und späte individuelle Einsicht sowie Ignoranz der Öffentlichkeit für das Ausmaß des gesellschaftlichen Problems

Bei der Darstellung von Remissionsraten muss die Unterscheidung von alkoholabhängigen Personen mit relativ leichter Symptomatik (z. B. aus epidemiologischen Studien) und schwerer betroffenen Patienten, die in suchtspezifischer Behandlung sind, beachtet werden. Kürzer und weniger schwer erkrankte Patienten profitieren gut von motivierender Gesprächsführung und Kurzinterventionen mit Verhaltensempfehlung durch den Hausarzt. Dies führt bei bis zu 50 % der Personen mit Alkoholproblemen, die noch keine suchtspezifische Hilfe suchen, zu einer dauerhaften Reduk-

Für abhängige Probanden aus epidemiologischen Studien und abhängige Patienten in Behandlung ergeben sich unterschiedliche Interventionsformen und Remissionsraten

7

tion des Alkoholkonsums (Mann et al., 2007; Moyer et al., 2002). Wenn schwerer Betroffene in die Kurzintervention einbezogen wurden, ließ sich dagegen kein signifikanter Behandlungseffekt mehr nachweisen.

Eine weitere wichtige Unterscheidung betrifft die schwerer betroffenen Patienten, die sich in suchtspezifischer Behandlung befinden. Hier sind sowohl die Ergebnisse randomisierter und kontrollierter Interventionsstudien als auch die Ergebnisse der stationären Rehabilitationsbehandlung in Deutschland zu beachten.

In den Interventionsstudien erwiesen sich die Verhaltenstherapie, das soziale Kompetenztraining, Motivationsförderung, Paar- und Familientherapie und die pharmakologische Therapie mit Acamprosat und Naltrexon als wirksam. Dennoch konnte gemäß diesen Studienergebnissen nur etwa 50 % der alkoholabhängigen Patienten geholfen werden. Je nach Studie erlitten trotz Therapiemaßnahmen 50 bis 80 % der Patienten im ersten Jahr einen Rückfall und die meisten davon in den ersten drei Monaten. Nach einer Verhaltenstherapie wurden zum Beispiel bei schwer alkoholabhängigen Patienten nach drei Monaten Rückfallraten von 48 % und nach einem Jahr von 76 % beobachtet (Hautzinger et al., 2005). Für die ambulante verhaltenstherapeutische Behandlung lag die Abstinenzrate nach sechs Monaten bei 42,9 % (Burtscheidt et al., 1999).

Da keine spezifische Überlegenheit der verschiedenen Interventionen wie Verhaltenstherapie, Motivationsförderung und soziales Kompetenztraining nachgewiesen werden konnte, wurden die wirksamen Bestandteile zu einer alkoholismusspezifischen Therapie eklektisch zusammengefasst (Brueck et al., 2007).

Sowohl psycho-therapeutische als auch pharmakothera-peutische Inter-ventionen sind wirksam. Die Abstinenz bzw. Remissions-raten sind dennoch niedrig

Bei pharmakotherapeutischer Intervention erreicht Acamprosat in fast allen Studien signifikante Wirksamkeit. Acamprosat gilt als Modulator des exzitatorisch wirkenden glutamatergen Neurotransmittersystems. Die glutamaterge (erregende) Transmission ist bei Alkoholabhängigkeit durch Adaptation an den hohen dämpfenden Effekt des Alkoholkonsums erhöht. Die Wirkung des Acamprosat wird als Reduktion des konditionierten Entzugscravings beschrieben. Optimistische Einschätzungen beschreiben eine Verdoppelung der Abstinenzraten im Vergleich zu Plazebo (Kiefer & Mann, 2005). Zum Beispiel stellten Sass et al. (1996) nach zwölfmonatiger Behandlung mit Acamprosat eine Abstinenzrate von 43 % versus 21 % unter Plazebo fest, die über 2 Jahre nach Behandlungsbeginn stabil blieb. Etwas konservativer ist die Einschätzung in den AWMF-Leitlinien zur Postakutbehandlung. Hier wurde festgehalten, dass mit Acamprosat moderate Therapieeffekte erreicht werden können, die sieben bis 13 % über dem Plazeboeffekt liegen (Geyer et al., 2006).

Naltrexon ist ein Opioid-Rezeptor-Antagonist und in den USA für die Behandlung der Alkoholabhängigkeit seit 1994 zugelassen. In Deutschland stellt die Behandlung mit Naltrexon einen Heilversuch dar. Aufgrund von

Voruntersuchungen geht man davon aus, dass Naltrexon den µ-Opioid-Rezeptor blockiert. Dadurch sollen das Suchtverlangen und die belohnenden Eigenschaften des Alkohols reduziert werden. Für Patienten, die zusätzlich zu Verhaltenstherapie Natrexon oder ein Plazebo erhalten hatten, wurden signifikant unterschiedliche Abstinenzraten beobachtet (Anton et al., 2001; Anton et al., 1999). Naltrexon steigerte die Abstinenzrate nach zwölfwöchiger Behandlung auf 62 % gegenüber 40 % unter der Plazebobedingung. In der Katamnese, 14 Wochen nach Abschluss der Behandlung, lagen die Abstinenzraten bei 44,1 % für die Natrexon-Gruppe und bei 31,8 % in der Plazebogruppe. Naltrexon war vor allem in Kombination mit strukturiertem Bewältigungstraining oder mit Verhaltenstherapie vorteilhaft und zeigte signifikante Wirkung in der Reduktion des Suchtverlangens (Kiefer & Mann, 2005).

Hinsichtlich der Kombination der pharmakotherapeutischen Optionen mit Acamprosat und Naltrexon beschrieben Kiefer et al. (2003) einen eindeutigen und signifikanten Interaktionseffekt. Patienten unter der Kombinationsbehandlung waren länger abstinent als Patienten unter den Monotherapien. In der viel größer dimensionierten COMBINE-Studie (Combined Pharmacotherapies and Behavioral Interventions Study) (Anton et al., 2006) wurde dagegen gefunden, dass die Kombination von „medical Management" (Psychoedukation, Förderung von Medikamentencompliance, Abstinenz und der Teilnahme an Selbsthilfegruppen) mit Naltrexon oder mit Verhaltenstherapie oder mit beiden die höchsten Abstinenzraten erreichte. Dagegen zeigte sich kein signifikanter Effekt von Acamprosat allein oder in Kombination mit Naltrexon. Die Unterschiede in der Wirksamkeit des Acamprosat in der COMBINE-Studie im Vergleich zu Studien, die eine eindeutige Wirksamkeit nachgewiesen haben, werden vor allem hinsichtlich unterschiedlicher Patientencharakteristika diskutiert.

Wie bereits erwähnt, sind von den Erfolgsraten dieser Evaluation der Behandlungsmethoden anhand doppelblinder und plazebokontrollierter Interventionsstudien die Erfolgsraten der im deutschen Sucht-Behandlungssystem etablierten klinischen Versorgung zu unterscheiden. Im Rahmen einer aktiven Inanspruchnahme des Versorgungssystems durch in der Regel schwer alkoholabhängige Patienten erreicht die stationäre Alkoholentwöhnung als mehrmonatige Rehabilitationsmaßnahme Abstinenzraten von bis zu 70 % nach einem Jahr (Feuerlein & Kufner, 1989) und bis zu 50 % nach 16 Jahren (Mann et al., 2007; Mann et al., 2005).

Klinische Studien zur Evaluation einer Therapieform erzielen schlechtere Remissionsraten als die etablierte Langzeitentwöhnung

1.3.4 Prognose

Auf der Grundlage von großen epidemiologischen Studien mit zum Teil repräsentativen Stichproben kann als gesichert gelten, dass es einem Großteil alkoholabhängiger Menschen gelingt, sogar ohne Kontakt zu professionellen Beratern oder Therapeuten wieder zu weniger riskantem Konsum oder gar zur Abstinenz zurückzufinden. Für einen Großteil dieser Stichproben ist die Stabilität der Diagnose – oder anders ausgedrückt die Chronizität der Störung – noch moderat ausgeprägt. Mit Beratung oder therapeutischer Unterstützung (z. B. in Form von Programmen zur Reduktion des Konsums, so genannten „drink-less Programmen" und Kurzinterventionen) kann hier positiver Einfluss genommen werden. Für Patienten, die aufgrund des Alkoholproblems im Gesundheitssystem professionelle Hilfe nachfragen (müssen), stellt die Alkoholabhängigkeit dagegen eine chronische Erkrankung dar. Fast alle der in diesem klinischen Sinne alkoholabhängigen Patienten müssen lernen und akzeptieren, dass sie nicht mehr im normalen Rahmen mit Alkohol umgehen können. Kleine Ausrutscher (‚lapses') führen in der Regel über das Einsetzen des Kontrollverlustes zu einem kompletten Rückfall in unkontrolliertes Trinkverhalten und zur Notwendigkeit einer stationären Entgiftung.

Je schwerer die Abhängigkeit ausgeprägt ist, desto schlechter wird die Prognose

Allgemein gilt für im klinischen Sinne alkoholabhängige Patienten ein negativer Zusammenhang zwischen Therapiechancen und Folgeschäden. Das heißt, je schwerer die Alkoholabhängigkeit ausgeprägt ist, je länger sie andauert und je mehr zusätzliche Störungen vorhanden sind, desto ungünstiger wird die Prognose (Tucker, 1995).

Die Schwere der Alkoholabhängigkeit kann über die Anzahl der erfüllten Diagnosekriterien (ICD-10 oder DSM-IV) eingeschätzt werden, über die Zeitdauer der Erkrankung und die Anzahl der bisherigen Entgiftungs- und Entwöhnungsbehandlungen. Je mehr Diagnosekriterien erfüllt sind, je länger dieser Zustand schon andauert und je mehr Entgiftungen und Entwöhnungen bereits durchlaufen wurden, desto schwerer ist die Erkrankung.

Gemäß Psychotherapie- und Pharmakotherapiestudien erreichen 30 bis 50 % der Patienten Abstinenz, Langzeitentwöhnung führt dagegen meistens zu dauerhafter Abstinenz

Für im klinischen Sinn alkoholabhängige Patienten gelten die Remissionsraten der oben angeführten Therapiestudien. Das heißt, dass durch Psychotherapie und pharmakotherapeutische Unterstützung 30 bis 50 % der Patienten mittelfristige Abstinenz erreichen können. Bei stationärer Langzeit-Entwöhnungsbehandlung wird für die meisten Betroffenen dauerhafte Abstinenz erreicht. Für den einzelnen Patienten steht im Falle der erreichten abstinenten Lebensweise dennoch eine chronische Erkrankung im Hintergrund, die oftmals nur durch tägliche Aufmerksamkeit und psychosoziale Unterstützung in Form von ambulanten Therapie- oder Selbsthilfegruppen bewältigt werden kann. Das Leben dieser Patientengruppe ist durch häufige Pendelbewegungen zwischen Risikosituationen, Rückfällen und Therapieerfolgen gekennzeichnet. Günstigenfalls stellt sich überwiegende Abstinenz bei dauerhafter Selbsthilfe ein. Im ungünstigen Verlauf kommt es zu einschneidenden psychosozialen Folgeschäden, komorbiden körperlichen und psychiatrischen Erkrankungen und chronifizierter Hilflosigkeit gegenüber der Substanz Alkohol.

Zwischen Therapieerfolg, dauerhafter Selbsthilfe und chronifizierter Hilflosigkeit: Viele alkoholabhängige Patienten erreichen eine dauerhafte Abstinenz, während andere chronisch betroffen sind und gravierende gesundheitliche und soziale Folgen hinnehmen müssen.

2 Ätiologie der Alkoholabhängigkeit

2.1 Wirkungen des Alkoholkonsums

Zu den wesentlichen Ursachen des Unvermögens, den Alkoholkonsum zu reduzieren oder zu unterlassen, gehört die Wirkung der Substanz selbst.

Auch unterhalb der Schwelle zur Abhängigkeit geht der Konsum von Alkohol mit einer Fülle psychischer Wirkungen einher. Diese Vielfalt psychotroper Wirkungen beruht darauf, dass Alkohol als „dirty drug" (Bezeichnung für „unsaubere Medikamente", die eine Vielzahl paralleler Angriffspunkte und Effekte aufweisen) wirkt und nahezu alle Neurotransmittersysteme beeinflusst. Alkohol hat anxiolytische, euphorisierende, sedierende, hypnotische, anästhetische, depressiogene und enthemmende Wirkungen. Bei einem Konsum von bis zu etwa 0,8 oder 1,0 Promille überwiegen in der Regel die positiven Folgen. Mit bildgebenden Verfahren konnte gezeigt werden, dass infolge des Alkoholkonsums Strukturen des Frontalhirns aktiviert werden, die auf Belohnung reagieren. Die deutlichsten psychotropen Effekte sind vor der höchsten Blutalkoholkonzentration festzustellen, denn bereits während der Alkoholintoxikation kommt es zu Adaptation und Gewöhnung an diese psychotropen Wirkungen. Zu Beginn des Konsums und im Verlauf beim Nachtrunk steigt die Alkoholkonzentration. Bei diesem Anstieg der Konzentration überwiegen in der Regel Effekte wie Euphorisierung, Anxiolyse und Enthemmung. Die belohnenden Effekte rufen positive Gefühle bzw. Glücksgefühle hervor. Überdies ist der Alkoholkonsum im Zusammenhang mit Freizeit, Festen und Feierlichkeiten häufig mit situativ bedingten positiven Erfahrungen gekoppelt. Die Selbstkritik ist vermindert, die Aufmerksamkeit reduziert und die Risikobereitschaft erhöht. Somit begünstigt der Konsum von Alkohol über die positiven affektiven Folgen sowie die Minderung der Kritikfähigkeit und die Erhöhung der Risikobereitschaft die Fortsetzung oder Erhöhung des Alkoholkonsums.

Die Wirkung des Alkohols kann jedoch situativ bedingt und bei höheren Trinkmengen auch negative Gefühle verstärken. Alkoholkonsum kann bei

Bei moderatem Konsum überwiegen in der Regel angenehme, euphorisierende und anxiolytische Wirkungen

Die Einbettung des Konsums in Freizeit und festliche Ereignisse verfestigt die positive Bedeutung des Alkoholkonsums

Die Kombination angenehmer Wirkung bei nachlassender Kritikfähigkeit verstärkt sowohl kurz- wie langfristig die Fortführung oder Erhöhung des Konsums

11

entsprechender psychischer Situation Zweifel und negative Gefühle verstärken und depressiogen wirken (umgangssprachlich: „den Moralischen bekommen").

2.2 Für die Alkoholabhängigkeit disponierende Faktoren

Die Vulnerabilität für die Intoxikationswirkungen des Alkohols scheint für die Entwicklung einer Alkoholabhängigkeit eine wichtige Rolle zu spielen. So konnte gezeigt werden, dass nicht abhängige Jugendliche, die bei moderatem Alkoholkonsum im Stehen weniger stark schwankten und weniger starke Rauschempfindungen beschrieben, im Langzeitverlauf ein erhöhtes Risiko für die spätere Ausbildung einer Alkoholabhängigkeit aufweisen (Schuckit, 1994).

Die geringere Vulnerabilität für die akuten Wirkungen des Alkohols scheint über das serotonerge und das GABAerge Neurotransmittersystem vermittelt zu werden (Hein et al., 2007). Eine Reduzierung des Serotoninstoffwechsels scheint die GABAerg vermittelten sedierenden Effekte des Alkoholkonsums zu verkleinern. Weniger serotonerge Innervation bewirkt demnach eine geringere GABAerg vermittelte Sedierung unter akuter Alkoholintoxikation. Dies kann sowohl über Umgebungseinflüsse vermittelt als auch genetisch bedingt sein. Als Beleg für Umgebungseinflüsse wurde der Befund gewertet, dass Affen, die früh von der Mutter getrennt werden, sowohl einen niedrigeren Serotoninumsatz als auch eine niedrigere Vulnerabilität für Effekte akuter Alkoholintoxikation aufwiesen.

Einen potenziell auch disponierenden, aber in jedem Fall einen aufrechterhaltenden Faktor für Alkoholabhängigkeit stellt die Erhöhung der μ-Opiatrezeptordichte bei abstinenten Alkoholabhängigen im und nach dem Entzug dar (Heinz et al., 2005). Mit Hilfe der Positronen-Emmissions-Tomografie (PET) wurde bei abstinenten alkoholabhängigen Patienten im Zustand nach der Entgiftung und auch nach weiteren fünf Wochen in
den Gehirnzentren, die auf Belohnung reagieren, eine erhöhte Dichte für μ-Opiatrezeptoren gefunden. Über diese Rezeptoren werden die belohnenden Effekte des Alkohols vermutlich durch die Ausschüttung von Endorphinen vermittelt. In der Untersuchung konnte überdies gezeigt werden, dass die Erhöhung der μ-Opiatrezeptordichte mit dem Ausmaß des Verlangens nach Alkohol (craving) korrelierte. Dieser Zusammenhang spielt bei der therapeutischen Wirksamkeit des Naltrexons eine Rolle. Durch die Blockade des μ-Opiatrezeptors wird bei einigen, jedoch nicht allen Patienten eine Reduzierung der hedonistischen, belohnenden Qualität des Alkoholkonsums erreicht. Die beschriebene Bildgebungs-Studie bezieht sich jedoch nur auf bereits alkoholabhängige Patienten. Sollte μ-Opiat-

rezeptordichte bereits vor der Ausbildung der Alkoholabhängigkeit erhöht sein, läge ein weiterer Vulnerabilitätsfaktor vor, der über das höhere Verlangen nach Alkohol für die Alkoholabhängigkeit prädisponieren würde.

2.3   Aufrechterhaltende Faktoren

Die oben beschriebene erhöhte μ-Opiatrezeptordichte im Zusammengang mit erhöhtem Suchtverlangen ist ein aufrechterhaltender Faktor, der den Betroffenen die Einhaltung der Abstinenz deutlich erschwert.

Besser bekannt und häufig als „körperliche Abhängigkeit" beschrieben, sind die Ausbildung von Toleranz gegenüber Alkoholwirkungen und die Ausbildung von Entzugssymptomen. Die Entwicklung dieser Symptome trägt sehr zur Aufrechterhaltung des Konsums und der Krankheit bei. Durch chronische Alkoholzufuhr kommt es dauerhaft zu sedierenden Alkoholwirkungen. Als Reaktion entwickelt sich vereinfacht dargestellt eine Adaptation des Gehirns an diese beständige Sedierung. Es kommt zur verminderten Ansprechbarkeit der GABA-Rezeptoren, die die sedierenden Effekte vermitteln. Zusätzlich folgt die Erhöhung der Rezeptordichte für das exzitatorische glutamaterge Transmittersystem. Dadurch funktioniert die erregende Weiterleitung von Nervenimpulsen auch bei hohen Alkoholdosen. Es stellt sich also eine Toleranz gegenüber dem konsumierten Alkohol ein. Die Betroffenen sind deutlich trinkfester und verspüren bei weit über einem Promille bedeutsam weniger Rauschwirkung als weniger geübte Konsumenten. Die aufrechterhaltende Wirkung dieser Entwicklung hängt mit der Kehrseite der Toleranz zusammen. Das Gehirn „braucht" nun den sedierenden Alkohol, um auf dem adaptierten Niveau funktionieren zu können. Wird die Alkoholzufuhr für mehrere Stunden, wie z. B. während des Schlafes unterbrochen, kommt es zur überschießenden Dominanz der glutamatergen exzitatorischen Wirkung. Die Wirkung des beruhigenden GABA-Systems als Gegenspieler fällt weitgehend weg. Es kommt zu einer Überstimulation verschiedenster Gehirnzentren und sehr unangenehme Entzugssymptome setzen ein. Die Entzugssymptomatik wird von den Betroffenen sehr aversiv erlebt und kann durch erneuten oder zusätzlichen Alkoholkonsum wieder gelindert werden. Zudem sind das typische Zittern der Hände und die Schweißneigung oft verräterisch und stigmatisierend. Die Betroffenen befürchten dann sehr, ihr Alkoholproblem werde nach außen sichtbar. Deswegen wirken Toleranz und Entzügigkeit als überaus effektive Faktoren, die den weiteren Konsum von Alkohol unterstützen.

Toleranz-entwicklung und Entzugs-symptome

Da es sich bei den Alkoholwirkungen um physiologische Reaktionen und affektiv-motivationale Veränderungen handelt, werden viele dieser Prozesse von der klassischen und operanten Konditionierung beeinflusst.

Auch an der Entwicklung von Toleranz und Entzugssymptomen sind Konditionierungsprozesse entscheidend beteiligt. Durch die Verknüpfung der subjektiv spürbaren Alkoholwirkungen mit äußeren Stimuli (exterozeptive Reize) oder mit den Reizqualitäten der Substanz selbst wie Geschmack und Geruch (interozeptive Reize) wird erlernt, wann mit sedierenden oder anderen Effekten des Alkohols zu rechnen ist. Durch wiederholte Koppelung führt ein entsprechender Stimulus (z. B. Interieur einer Kneipe, Bierglas) dazu, dass sowohl die positiven Folgen des Alkoholkonsums in Form von Verlangen als auch die negativen Folgen des Alkoholkonsums (vor allem in Form von kompensatorischen Effekten) erwartet werden. Wird der Alkohol in der Lernumgebung (wiederholter Konsum in identischer Umgebung) konsumiert, werden negative Effekte durch kompensatorische Mechanismen reduziert. Beispielsweise werden alkoholvermittelte hypothermische und ataktische Effekte minimiert. Bei Verabreichung eines Placebo-Getränkes (z. B. Kochsalzlösung) in der Trinkumgebung verursachen die kompensatorischen Effekte sogar einen überschießenden Effekt, z. B. in Form einer Hyperthermie. Ebenso werden die physiologischen und affektiven Symptome des Alkohol-Entzugssyndroms an äußere (leere Flaschen) oder innere Stimuli (Angst und Anspannung) gekoppelt. So kann es nach längerer Abstinenz insbesonders unter Stress und Angst zum Auftreten konditionierter Entzugssymptome kommen, ohne dass ein Rückfall vorgelegen hat.

Verringerung der Dopaminrezeptordichte

Mit den Methoden der modernen Bildgebung wurde es möglich, die Reaktionen des Gehirns und der Neurotransmittersysteme auf die Substanz und auf substanzassoziierte Stimuli zu untersuchen. Alkohol und andere Drogen stimulieren über die Freisetzung von Dopamin das Belohnungszentrum des Gehirns. Durch chronische Alkoholzufuhr wird die Dopaminrezeptordichte verringert. Die verminderte Rezeptordichte korreliert bei abstinenten alkoholabhängigen Patienten einerseits mit dem Alkoholverlangen (craving). Andererseits reagieren die alkoholabhängigen Patienten stärker auf alkoholassoziierte Stimuli (z. B. Bilder von Bierkrügen) als gesunde Kontrollpersonen (Heinz et al., 2004). Sehr bedeutsam ist der Befund, dass sich bei Präsentation von alkoholassoziierten Reizen (Bildern) bei den Patienten eine Reaktion des Belohnungszentrums (ventrales Striatum) zeigte, obwohl die Patienten wussten, dass kein Alkoholkonsum folgen würde. Im Gegensatz dazu zeigten die gesunden Kontrollpersonen eine signifikant schwächere Reaktion. Diese Befunde werden einerseits mit einer potenziellen Fehlfunktion des dopaminergen Systems in Verbindung gebracht, zwischen zu erwartender und nicht zu erwartender Belohnung nicht mehr unterscheiden zu können. Andererseits werden über wiederholte Reizung des dopaminergen Systems Konditionierungsprozesse ausgelöst, die im Sinne eines Suchtgedächtnisses (Hein et al., 2007) zu einer immer stärkeren Reaktion auf die alkohol-assoziierten Reize führen. Diese Prozesse führen dazu, dass alkoholabhängige Patienten auch in der Abstinenz sehr stark auf alle Reize reagieren, die mit Alkoholkonsum verknüpft sind, auch wenn kein Konsum folgt oder folgen soll. In der fMRT-Untersuchung von Grüsser et al. (2004) wurde ebenfalls festgestellt, dass alkoholabhängige Patienten stärker auf alkoholassoziierte Stimuli reagieren als Kontrollprobanden. Das Ausmass der Aktivierung des ventralen Striatums war überdies bei später rückfälligen Patienten stärker ausgeprägt und korrelierte signifikant mit der Trinkmenge in der Katamnese. Dagegen war das Ausmaß des stimulus-induzierten Alkoholverlangens (Craving) nicht mit der Rückfälligkeit verknüpft.

Als rein kognitive Faktoren beeinflussen die Selbstwirksamkeitserwartung, dem Verlangen nach Alkohol standhalten zu können, und die Erwartungen an die positiven Alkoholwirkungen das Abstinenz- oder Suchtverhalten. Hat ein Patient überwiegend negative Erfahrungen gemacht und den Alkoholkonsum nicht effektiv steuern können, entwickelt sich eine geringe Selbswirksamkeitserwartung. Er glaubt in einer Rückfallsituation nicht daran, sein Verhalten steuern zu können und weiterhin keinen Alkohol zu sich zu nehmen.

Zusätzlich zu diesen aufrechterhaltenden Faktoren wirken sich die kognitiven Defizite im Zustand nach Entgiftung negativ auf die Fähigkeit zur Aufrechterhaltung der Abstinenz aus. Die Reduktion der Leistungsfähigkeit der Exekutivfunktionen, die Anfälligkeit für kurzfristig belohnende, aber langfristig ungünstige Verhaltensweisen und ein deutlicher Aufmerksamkeitsbias für alkoholische Stimuli erschweren die kontrollierte Lebensführung, die für die Aufrechterhaltung der Abstinenz notwendig ist. Überdies erschweren die kognitiven Defizite die Aufnahme therapierelevanter Informationen in der Rehabilitation und die berufliche Reintegration (siehe Kap. 5.6 Auswirkungen und Folgen).

Insgesamt werden anhand dieser Untersuchungsergebnisse die Grundlagen der Krankheit Alkoholabhängigkeit deutlich. Alkoholabhängige Patienten erleiden in der Regel eine Adaptation der Neurotransmittersysteme an die chronische Alkoholzufuhr. Die Folge sind Toleranz und Entzugssymptome. Von zentraler Bedeutung für die Entwicklung und Aufrechterhaltung der Krankheit sind jedoch konditionierte Lernprozesse, die die physiologischen und affektiv-motivationalen Veränderungen durch den Alkoholkonsum an externale (z. B. Weingläser, Bierkrüge) und internale Stimuli (Geschmack und Geruch der Getränke) koppeln. Dadurch werden starkes Alkoholverlangen, konditionierte Entzugssymptome und eine dauerhafte hohe Reagibilität auf Alkohol assoziierte Reize gelernt.

3 Neuropsychiatrische Konsequenzen im Überblick

In diesem Kapitel werden akute neuropsychiatrische Folgen und komorbide neuropsychiatrische Störungen der Alkoholabhängigkeit beschrieben. Die dauerhaften und gravierenden kognitiven Folgeschäden durch Alkoholabhängigkeit wie bei dem persistierenden amnestischen Syndrom, der alkoholinduzierten Demenz und beim Marchiafava-Bignami-Syndrom werden in Kapitel 6 ausführlich dargestellt.

3.1 Das Entzugssyndrom

Wie bei der Beschreibung der aufrechterhaltenden Faktoren bereits dargestellt, führt die Adaptation der Neurotransmittersysteme an die chronische alkoholbedingte Sedierung zu Problemen, wenn der Alkoholkonsum unterbrochen wird. Durch eine Verminderung der GABAergen zentralen Inhibition und durch die Verstärkung der exzitatorisch wirkenden glutamatergen Transmission wird bei alkoholabhängigen Patienten eine bessere Leistungsfähigkeit unter Alkohol erreicht. Diese Toleranzentwicklung kann bei Absetzen der Alkoholzufuhr bereits nach wenigen Stunden (vier bis zwölf Stunden) Entzugssymptome hervorrufen.

40 % der abhängigen Patienten erleiden ein Entzugssyndrom

Das Entzugssyndrom (ICD-10 F 10.3) ist die häufigste neuropsychiatrische Folgeerkrankung der Alkoholabhängigkeit. Die Anzahl der stationären Entzugsbehandlungen in Deutschland wurde 1997 auf ca. 200.000 geschätzt. Es ist dennoch nicht jeder alkoholabhängige Patient betroffen. Bei etwa 40 % der Alkoholabhängigen kommt es zu einem Entzugssyndrom (Wetterling, 1997). Folgerichtig ist das Entzugssyndrom auch kein notwendiges Diagnosekriterium für die Alkoholabhängigkeit. In der Regel dauert das Entzugssyndrom drei bis sieben Tage. Bei rund einem Drittel der Patienten muss der Entzug medikamentös behandelt werden. Entzugssymptome sind individuell sehr unterschiedlich ausgeprägt. Nach ICD-10 müssen drei der folgenden Symptome vorhanden sein: 1. Tremor der Hände, der Zunge oder der Augenlider, 2. Schwitzen, 3. Übelkeit, Würgen und Erbrechen, 4. Tachykardie oder Hypertonie, 5. psychomotorische Unruhe, 6. Kopfschmerzen, 7. Insomnie, 8. Krankheitsgefühl oder Schwäche, 9. vorübergehende optische, taktile oder akustische Halluzinationen oder Illusionen 10. Entzugskrampfanfälle. Alkoholbedingte Krampfanfälle (Grand-Mal-Anfälle; epileptische Anfälle) treten bei weniger als 3 % der Patienten im Alkoholentzug auf (American Psychiatric Association, 1994). Die Anfälle ereignen sich zu 90 % innerhalb 48 Stunden nach Abstinenzbeginn (Trevisan et al., 1998). Durch die Gabe von zentral dämpfender Medikation

16

wie zum Beispiel durch Benzodiazepine wird die überschießende exzitatorische Reizleitung gedämpft und die Entzugssymptome werden beseitigt. Die Entzugsmedikation kann dann stufenweise über sieben bis zehn Tage systematisch ausgeschlichen werden, ohne dass bedeutsame Entzügigkeit auftritt. Die Symptome des Alkoholentzugssyndroms sind mit einer exakten Feststellung des neuropsychologischen Leistungsprofils unvereinbar. Zusätzlich sind die Wirkungen und Nebenwirkungen der Entzugsmedikation wie z. B. von Clomethiazol (sedierend, hypnotisch und antikonvulsiv) oder Diazepam zu berücksichtigen (Benkert & Hippius, 2007).

Behandlung durch ausschleichende Substitution

3.2   Alkoholentzugsdelir (Delirium tremens)

Ein Delir ist eine unspezifische Reaktion des Gehirns auf ganz unterschiedliche Erkrankungen oder Einwirkungen. Das Alkohol-Entzugsdelir (ICD-10 F 10.4) tritt bei starkem Alkoholentzugssyndrom zusätzlich als Störung der Orientierung und des Bewusstseins hinzu. Ungefähr der Hälfte der Delirien geht ein Krampfanfall voraus. Das Alkoholdelir beginnt ein bis vier Tage nach Abstinenzbeginn und dauert in der Regel drei bis vier Tage, in Einzelfällen jedoch auch deutlich länger (Mayo-Smith et al., 2004; Saitz, 1998). Nach ICD-10 ist das Bewusstsein getrübt und die Fähigkeit, die Aufmerksamkeit zu fokussieren, vermindert. Das Gedächtnis und die Orientierung zu Zeit, Ort oder gar Person sind gestört. Es treten psychomotorische Störungen wie Hypo- und Hyperaktivität, verlängerte Reaktionszeiten, vermehrter oder verminderter Redefluss und verstärkte Schreckreaktionen auf. Der Schlaf- oder Schlaf-Wach-Rhythmus ist gestört. Optische Halluzinationen, meist Insekten oder kleine Tiere, sind häufig. Zusätzlich treten Tachykardie, Fieber und Schwitzen auf. Nach Abklingen liegt in der Regel eine Amnesie für die delirante Phase vor. Es besteht ein erhebliches Mortalitäsrisiko. In frühen Studien wurden Mortalitätsraten von bis zu 15 % berichtet. Durch die Verbesserung der Behandlung mit sedierenden Benzodiazepinen u. U. in Kombination mit Haloperidol fiel das Mortalitätsrisiko jedoch auf unter 1 % (Mayo-Smith et al., 2004).

Störung der Orientierung und des Bewusstseins

Optische Halluzinationen

3.3   Wernicke-Enzephalopathie

Die Wernicke-Enzephalopathie ist eine schwere neurologische Störung, von der drei bis fünf Prozent der alkoholabhängigen Patienten betroffen sind. Die Patienten sind meist männlich und über 40 Jahre alt. Die Wernicke-Enzephalopathie wird in der Regel zusammen mit dem chronisch verlaufenden Korsakow-Syndrom dargestellt und gilt als akute Stufe des Wernicke-Korsakow-Syndroms. Die Wernicke Enzephalopathie wird durch charakteristische Symptome in Form einer Symptomtrias beschrieben. Es bestehen a) Bewusstseinsstörungen, die bis zum Koma reichen und mit Orientierungsstörungen, Apathie und Amnesie einhergehen, b) eine Gang- und Standataxie, meist mit Gleichgewichtsstörungen und c) Ophthalmoplegie (Augenmuskellämungen, Störungen der konjugierten Blickbewegungen).

Die Wernicke-Enzephalopathie tritt ganz plötzlich auf, ist lebensgefährlich und endet ohne Behandlung tödlich. Eine frühzeitige Diagnose und rasche Behandlung ist entscheidend. Dennoch versterben bis zu 20 % der Erkrankten. Ausgelöst wird das Syndrom durch die alkoholtoxisch bedingten neuronalen Schädigungen und einen zusätzlichen, durch Mangelernährung in den Trinkphasen entstandenen akuten Mangel an Vitamin B1 (Thiamin). Zusätzlich zur Mangelernährung in den Trinkphasen leiden die alkoholabhängigen Patienten unter einer Störung des Thiaminstoffwechsels. Es kommt zu langfristiger Unterversorgung mit Thiamin und in der Folge zu

Atrophie und charakteristischen hämorrhagischen Läsionen und Nekrosen der Thalamuskerne, des Hypothalamus, der Corpora mamillaria, des Hirnstamms und des Kleinhirns (Kuhn et al., 2004). Zunächst wurde die gravierende anterograde Amnesie mit der Atrophie und den hämorrhagischen Läsionen der Mammillarkörper, des dorsomedialen Nucleus des Thalamus und der medialen Region des Pulvinarkerns des Thalamus in Verbindung gebracht. Harding et al. (2000) konnten jedoch zeigen, dass ausschließlich der Verlust von Neuronen in den anterioren Thalamuskernen für die Entwicklung des amnestischen Syndroms verantwortlich ist. Die Behandlung

besteht aus einer intravenösen schnell wirkenden Gabe von Vitamin B1 und Alkoholabstinenz. Unter dieser Therapie tritt oft eine dramatische Besserung der Symptome ein. Die ataktischen Symptome und die Ophthalmoplegie bilden sich unter Behandlung in 60 % der Fälle zurück (Preuss & Soyka, 1997). Kommt es nicht zur vollständigen Remisssion, sondern bleiben gravierende und persistierende Gedächtnisdefizite zurück, hat sich die chronische Form des persistierenden amnestischen Syndroms (Korsakow-Syndrom) entwickelt. Da die persistierende Amnesie in der Regel nur in der Folge einer alkoholbedingten Wernicke-Enzephalopathie auftritt, bzw. die Wernicke-Enzephalopathie aufgrund einer isolierten Thiamin-Mangelernährung häufig vollständig remittiert, wird ein großer Einfluss der alkoholtoxischen Effekte angenommen. Überdies scheinen die Symptome der Wernicke-Enzephalopathie bei den nicht alkoholabhängigen Patienten eher entdeckt und dann frühzeitiger behandelt zu werden. In verschiedenen Studien wurde beobachtet, dass 50 bis 80 % der Fälle behandelter Wernicke-Enzephalopathien in eine persisitierende Amnesie übergehen. Allerdings ist zu vermuten, dass bei länger zurückliegenden Studien bzw. Behandlungsfällen die Thiamin-Substitution noch unterdosiert erfolgte (Thomson & Marshall, 2006). Die chronische Form des persisitierenden amnestischen Syndroms wird unter Kap. 6 dargestellt.

18

3.4 Alkoholinduzierte psychotische Störung (Alkoholhalluzinose)

Die alkoholinduzierte psychotische Störung (ICD-10 F10.5) oder Alkoholhalluzinose ist eine seltene Störung, die bei etwa fünf bis sieben Prozent der alkoholabhängigen Patienten auftritt (Soyka, 2006). Die Schwere der Störung macht eine stationäre Therapie notwendig. Die Symptome entwickeln sich häufig ca. zwei Tage nach Abstinenzbeginn. Zentral sind akustische Halluzinationen. Optische Halluzinationen sind seltener. Die Patienten hören Stimmen, die sehr bedrohlich sein können und Angst auslösen. In Abgrenzung zur Schizophrenie treten Ich-Störungen wie Derealisation oder Depersonalisation nur sehr selten auf. In Abgrenzung zum Alkohol-Entzugsdelir fehlen die vegetative Dysfunktion (Tachykardie, Schwitzen, Fieber) und die Orientierungsstörung. Im Zustand nach der Halluzinose kann sich der Patient gut an die Inhalte erinnern, während nach einem Delir gewöhnlich Amnesie besteht. Die alkoholinduzierte psychotische Störung ist in der Regel mit Neuroleptika gut zu behandeln und dauert dann nur kurz, maximal wenige Wochen an.

Akustische Halluzinationen

3.5 Alkoholbedingter Eifersuchtswahn

Der alkoholbedingte Eifersuchtswahn (ICD-10 F10.51) ist eine sehr seltene, aber gefährlichere Störung als die Alkoholhalluzinose (Soyka, 2006). Es sind fast ausschließlich Männer betroffen. Es entwickelt sich, in der Regel langsam zunehmend, die unkorrigierbare Überzeugung, von der Partnerin betrogen zu werden. Leider schlagen pharmakotherapeutische und psychotherapeutische Behandlungen oft fehl. Erfolge werden für die Behandlung mit Pimozid berichtet. Häufig ist die Störung jedoch chronisch. Die Gefährlichkeit liegt in der Auslösung von Gewalttaten, die häufig die Partnerinnen treffen.

Gefährlichkeit und schlechte Behandelbarkeit

3.6 Hepatische Enzephalopathie

Fortgesetzter hoher Konsum von Alkohol geht mit einem großen Risiko für Erkrankungen der Leber einher. Das Spektrum der Erkrankungen reicht von der weitgehend asymptomatischen Fettleber (Steatosis) über Hepatitis und Fibrose (Vermehrung des Bindegewebes) bis zur Leberzirrhose und zu Krebserkrankungen. Die Ausführungen folgen der Beschreibung von Adachi und Brenner (2005). Die erste Reaktion auf chronischen Alkoholkonsum ist die Ausbildung einer Fettleber. Alkohol wird von den Leberzellen bevorzugt metabolisiert. Dadurch wird der Abbau der Fettsäuren behindert und diese werden in der Folge in der Leber angereichert. Das

90 % der Ab-
hängigen ent-
wickeln eine
Fettleber, die in
der Regel
asymptoma-
tisch bleibt

erste Anzeichen ist gewöhnlich die Vergrößerung der Leber. Bis zu 90 % der alkoholabhängigen Patienten entwickeln eine Fettleber. Sie bleibt mit Ausnahme der Lebervergrößerung (Hepatomegalie) in der Regel asymptomatisch, ruft keine kognitiven Defizite hervor und ist reversibel, wenn der Alkoholkonsum gestoppt oder signifikant reduziert wird. Obwohl die klinische Bedeutsamkeit der Fettleber gering zu sein scheint, können weitere negative Wirkungen auf die Leber und andere Organsysteme resultieren. So besteht bei einer Fettleber wiederum ein erhöhtes Risiko für eine Entzündung der Leber (Hepatitis), für Fibrose und für Leberzirrhose, wenn der Konsum nicht beendet wird.

Alkoholbedingte Hepatitis entspricht in der Regel einer akuten oder chronischen Entzündung der alkoholbedingten Fettleber, die ein variables Ausmaß an Fibrose einschließt. Etwa 10 bis 35 % der alkoholabhängigen Patienten weisen Anzeichen einer Hepatitis auf. Das Risiko, eine Leberzirrhose zu erleiden, beträgt bei alkoholischer Hepatitis 10 bis 20 % pro Jahr. Nach fünf Jahren besteht bei 40 % der Patienten eine Zirrhose und insgesamt entwickeln ungefähr 70 % aller Patienten mit alkoholbedingter Hepatitis schließlich eine Zirrhose. Patienten mit einer kompensierten Zirrhose, die abstinent bleiben können, haben eine Chance von 90 %, die nächsten fünf Jahre zu überleben. Wenn die Patienten jedoch weiter Alkohol konsumieren, sinkt die Überlebensrate auf circa 70 %. Zeigen sich Anzeichen einer dekompensierten alkoholbedingten Leberzirrhose, weisen abstinente Patienten eine Überlebensrate nach fünf Jahren von etwa 60 % auf. Diese Rate verschlechtert sich bei fortgesetztem Konsum auf nur 30 %.

Lebererkrankungen können sich auf die kognitiven Funktionen auswirken. Unabhängig von der (alkoholischen) Ätiologie verliert die Leber bei Patienten, die unter Leberfibrose oder Leberzirrhose leiden, an Kapazität, neurotoxische Substanzen im Blut abzubauen (Butterworth, 2003). Die Anzahl der funktionalen Leberzellen (Hepatozyten) verringert sich und damit geht die funktionale Kapazität der Leber zurück. Zusätzlich erreicht nicht mehr die gesamte Blutmenge die Leber. Ein Teil des zu reinigenden Blutes strömt direkt und ungereinigt in den Blutkreislauf zurück (portal systemic shunting). Das Blut enthält dann hohe Mengen neurotoxischer Substanzen wie Ammoniak und Mangan, die bei dauerhafter Erhöhung die Gehirnzellen schädigen und hepatische Enzephalopathie verursachen.

Patienten mit hepatischer Enzephalopathie leiden unter Schlafstörungen, psychiatrischen Symptomen wie Angst und Depression, kognitiven Beeinträchtigungen und Störungen der Motorik. Mit zunehmender Schwere der hepatischen Enzephalopathie stellt sich eine Bewusstseinseintrübung ein. Die Einteilung der hepatischen Enzephalopathie gemäß der West-Haven-Kriterien beschreibt ausgehend von der minimalen, allein durch die neuropsychologische Untersuchung abbildbare hepatische Enzephalopathie (Grad 0) bis zum deliranten (Grad 3) und komatösen Patienten (Grad 4) diese zunehmende Beeinträchtigung des Bewusstseins. In Extremfällen fallen die Patienten in ein hepatisches Koma, das letal sein kann.

Für die Pathogenese der hepatischen Enzephalopathie konnten bereits verschiedene Faktoren nachgewiesen werden (Blei, 2000). Die ursächliche Wirkung ist jedoch noch nicht gänzlich geklärt. Als auslösende Faktoren werden einerseits die Einwirkung von Neurotoxinen (Ammoniak, Mangan, Phenole, Mercaptane und kurz- und mittelkettige Fettsäuren), andererseits die Beeinträchtigung der Neurotransmission diskutiert und erforscht.

Die hepatische Enzephalopathie äußert sich im neuropsychologischen Profil im Vergleich zu Kontrollpersonen in visuo-konstruktiven und psychomotorischen Defiziten, in schlechteren Reaktionszeiten, Beeinträchtigungen des Gedächtnisses und der Aufmerksamkeit. Das nonverbale Denkvermögen ist stärker beeinträchtigt als das verbale Denkvermögen (Amodio et al., 1999). Die hepatische Enzephalopathie zeigt bezüglich der neuropsychologischen Defizite Parallelen zu den Defiziten von alkoholabhängigen Patienten (ohne Lebererkrankung) nach Entgiftung. Die Parallelen gehen sogar soweit, dass der TMT-B (Trail Making Test; Reitan, 1992) für beide Krankheitsbilder als der sensitivste Test beschrieben wird.

Durch die Therapie mit Lactulose (Dhiman et al., 2000), Protein-Diät (de Bruijn et al., 1983) oder L-Ornithin-L-Aspartat (Stauch et al., 1998) können die kognitiven Beeinträchtigungen bei moderater hepatischer Enzephalopathie signifikant gebessert werden.

Tarter et al. (1990) und Vataja et al. (1994) stellten fest, dass durch eine Lebertransplantation die kognitive Leistungsfähigkeit signifikant verbessert und die Beeinträchtigungen nahezu aufgehoben werden können. Werden alkoholabhängige Patienten untersucht, die an einer Leberzirrhose leiden, finden sich zusätzlich neuropsychologische Defizite gegenüber alkoholabhängigen Patienten ohne Lebererkrankung. Die alkoholabhängigen Patienten mit Leberzirrhose hatten signifikant niedrigere Leistungen in Lern- und Gedächtnistests als die Patienten ohne Zirrhose (Tarter et al., 1993).

Zusätzliche Defizite bei Alkoholabhängigkeit und Lebererkrankung

3.7   Schädel-Hirn-Traumata

Ein für die Alkoholabhängigkeit spezifischer Einflussfaktor auf das kognitive Funktionsniveau ist das höhere Risiko für Schädel-Hirn-Verletzungen durch Stürze und Unfälle (Grant, 1987; Rourke & Loberg, 1996). Nach Hillbom & Holm (Hillbom & Holm, 1986) weisen Alkoholabhängige eine zwei- bis vierfach höhere Prävalenz von traumatisch bedingten Schädel-Hirn-Verletzungen auf als die Normalbevölkerung. Dieser Faktor ist eindeu-

Alkoholabhängige Patienten haben ein zwei- bis vierfach erhöhtes Risiko für ein SHT

Die kognitiven
Defizite infolge
SHT müssen
zusätzlich
berücksichtigt
werden

tig in der Verursachung neuropsychologischer Defizite, auch unabhängig von Alkoholmissbrauch und -abhängigkeit. Die typischen neuropsychologischen Defizite in Stichproben alkoholabhängiger Patienten bleiben jedoch bestehen, auch wenn die Folgen von Schädel-Hirn-Traumata per Ausschlusskriterien eliminiert wurden (Glenn & Parsons, 1992; Sullivan, Rosenbloom & Pfefferbaum, 2000).

3.8   Zusammenfassung

Alkoholabhängigkeit zieht vor allem bei schwerer Erkrankung neuropsychiatrische Folgeschäden nach sich. Cirka 40 % der Abhängigen erleiden bei Absetzen Entzugssymptome, die medikamentös behandelt werden müssen. Bedeutend seltener und gefährlicher mit Mortalitätsraten bis zu 20 % sind das Delirium tremens, die Wernicke-Enzephalopathie, die Alkoholhalluzinose und der alkoholbedingte Eifersuchtswahn. Die Feststellung alkoholbedingter kognitiver Defizite kann erst nach Remission (Ausnahme u. U. der Eifersuchtswahn) dieser komorbiden Störungen erfolgen. Dabei sind nach Abklingen der Symptome auch die Auswaschphase und die psychotrope Nebenwirkung der Medikamente zu berücksichtigen. Bei Entzugssymptomen ist nach der Entgiftungsbehandlung mit Benzodiazepinen oder Clomethiazol ein Abstand von weiteren fünf bis sieben abstinenten Tagen notwendig, um Einflüsse der Entzugssymptomatik und der Entgiftungsmedikation auf die kognitive Leistung ausschließen zu können. Geht die Alkoholabhängigkeit mit einer Leberzirrhose einher oder liegt zusätzlich ein Schädel-Hirn-Trauma vor, können zusätzliche kognitive Einbußen hinzukommen. Die gravierenden und persisitierenden kognitiven Defizte beim persistierenden amnestischen Syndrom, der alkoholinduzierten Demenz und beim Marchiafava-Bignami-Syndrom werden in Kap. 6 dargestellt. Im Folgenden werden die kognitiven Defizite beschrieben, die allein auf die Alkoholabhängigkeit zurück zu führen sind.

4   Die Beeinträchtigungen des Gehirns durch Alkoholabhängigkeit

Die ersten Beschreibungen der Auswirkungen des chronischem Alkoholkonsums auf Gehirn und Nervensystem stammen von Wernicke (1881) und Korsakow (1889). Sie beobachteten neurologische Symptome (Augenmotilitätsstörungen, Augenmuskelparesen, Blicklähmungen, Ataxien, Bewusstseinsstörungen, Desorientierung und Apathien), schwere anterograde Amnesie und Konfabulation. Die gravierenden Symptome und Beeinträchtigungen des Wernicke-Korsakow-Syndroms konnten also schon Ende des 19. Jahrhunderts beobachtet werden. Kognitive Defizite infolge von Alkoholabhängigkeit unterhalb der diagnostischen Schwelle zur persistierenden Amnesie wurden erst viel später beschrieben. Die Defizite infolge Alkoholabhängigkeit zeigen sich gewöhnlich nicht ohne neuropsychologische Testverfahren (National Institute on Alcohol Abuse and Alcoholism, 1989). Als erste systematische Studien mit alkoholabhängigen Patienten gelten die von Fitzhugh et al. (Fitzhugh et al., 1960, 1965).

Zu dem Wissen um die Auswirkungen des chronischen Alkoholkonsums und der Alkoholabhängigkeit auf das ZNS und die damit verbundenen kognitiven Defizite trugen Arbeiten aus der Neuropathologie, der Neurophysiologie, der Bildgebung und der Neuropsychologie bei.

4.1 Neuropathologische Studien

Zu den makroskopisch feststellbaren Veränderungen gehören bei alkoholabhängigen Patienten sowohl mit als auch ohne amnestisches Syndrom eine diffuse kortikale Atrophie, ventrikuläre Erweiterungen und die Verdickung der Hirnhäute. Harper et al. (1985) und Harper und Kril (1989) konnten den Verlust von Neuronen bei alkoholabhängigen Patienten mit und ohne amnestisches Syndrom nachweisen. Sie beschrieben ein Maximum an Neuronenverlust für den frontalen Kortex. Für das Wernicke-Korsakow-Syndrom wurde ein spezifisches Läsionsmuster identifiziert (siehe oben Kapitel 3.3.). Das Ausmaß der Schäden scheint graduell zuzunehmen und ist bei Patienten mit amnestischem Syndrom größer als bei Patienten, die diese gravierende Störung nicht aufweisen. Die Beobachtung, dass es mit zunehmender Dauer und Schwere der Alkoholabhängigkeit zu ebenso zunehmenden subkortikalen und kortikalen Schäden kommt, verbesserte das Verständnis für alkoholinduzierte demenzielle Syndrome (Cutting, 1978).

4.2 Neurophysiologische Studien

Neurophysiologische Studien erweiterten vor allem das Verständnis bezüglich der gravierenden funktionalen Störungen, die mit dem Entzugssyndrom einhergehen. In Studien von Wikler et al. (1956) und Isbell et al. (1955) konnten dramatische EEG-Veränderungen im Alkoholentzug nachgewiesen werden. In diesen aus heutiger Sicht ethisch kaum zu rechtfertigenden Studien wurde über hohen dauerhaften Alkoholkonsum Entzügigkeit bei

**Im Alkohol-
entzug wurden
dramatische
EEG-Verän-
derungen
gefunden, die
die erhöhte
Anfälligkeit für
cerebrale
Krampfanfälle
erklärten**

**Verabreichung
zentral
dämpfender
Medikation in
der Alkohol-
entzugs-
behandlung**

nicht abhängigen Kontrollpersonen experimentell ausgelöst. 15–20 Stunden nach Abstinenzbeginn stellten sich mäßig-hochgespannte, rhythmische langsame Wellen ein und der Anteil an alpha-Wellen reduzierte sich. Während der ersten beiden Tage des Entzuges zeigten sich gelegentliche Spitzen und anfallsartige Abschnitte langsamer Wellen mit hoher Spannung korrespondierend mit Phasen mit ausgeprägter Angst und Tremor. Dieser Zustand eines hypererregbaren Gehirns ging in den drei Monaten nach Abstinenzbeginn wieder auf ein normales EEG-Muster zurück. Die Studien erbrachten den Beleg, dass Alkoholabusus und Alkoholentzug bei Personen ohne vorbestehende EEG-Abnormalität zu epileptoformen elektrophysiologischen Aktivitätsmustern führen kann. Dieser Befund wirkte sich auf die pharmakologische Behandlung des Entzugssyndroms aus. Prophylaktisch verabreichte zentral dämpfende Medikation wurde in der Folge als Standard-Entgiftungsbehandlung eingesetzt.

Parallel zu den EEG-Veränderungen ist der regionale zerebrale Blutfluss für ca. zwei Tage reduziert. Für jüngere Patienten unter 45 Jahren normalisiert sich der Blutfluss innerhalb einer Woche. Bei älteren Patienten kann diese Normalisierung jedoch bis zu sieben Wochen andauern (Berglund et al., 1987). Mit Hilfe ereigniskorrelierter Potenziale wurde deutlich, dass die überhöhte Erregbarkeit des ZNS für mindestens drei Wochen anhält. Alkoholabusus führt zu reduzierten und verzögerten ereigniskorrelierten Potenzialen (Porjesz & Begleiter, 1987), die einerseits mit einer Verschlechterung der kognitiven Informationsfilterung und im Falle der P300 mit Beeinträchtigungen der höheren kognitiven Funktionen in Verbindung gebracht wurden. Auch diese physiologischen Parameter normalisieren sich mit fortschreitender Abstinenz nach etwa ein bis drei Monaten. Andere neurophysiologische Studien benutzen EEG-Parameter als Prädiktoren für Alkohol-Rückfälle. Winterer et al. (1998) erreichten dabei korrekte Zuordnungen von 83–85 %. Letztere Studie unterstützt zudem die Frontalhirnfunktions-Hypothese (siehe Kapitel 5.5.5), indem die in der Katamnese rückfälligen Patienten zu Behandlungsbeginn vor allem größere Desynchronisation über dem Frontalhirnbereich aufwiesen.

4.3   Bildgebungsstudien

**Alkoholabhän-
gige Patienten
erleiden eine
globale leichte
Hirnatrophie,
die sich unter
Abstinenz wie-
der zurückbildet**

Ebenso wie in den neuropathologischen Untersuchungen wurden in neuroradiologischen Studien mittels Computertomografie (CT) und mittels Magnetresonanztomografie (MRT) signifikante Atrophien bei den alkoholabhängigen Patienten gefunden. Da die Atrophie sowohl Patienten mit als auch ohne amnestisches Syndrom betrifft, gab die neuroradiologische Forschung wichtige Impulse, funktionelle Defizite auch unterhalb der Schwelle zum amnestischen Syndrom zu untersuchen. Pfefferbaum et al.

(1992) konnten atrophische Abweichungen in kortikalen und subkortikalen Regionen nachweisen. Die Erweiterung der Ventrikel und der Sulci und die Minderung der grauen und weißen Substanz betrug etwa eine Standardabweichung im Vergleich zu gesunden Kontrollpersonen (siehe Abbildung 1). Die Atrophie betraf insbesondere gedächtnisrelevante subkortikale Areale, wie z. B. die Mammillarkörper (Sullivan et al., 1999), das Kleinhirn (Sullivan et al., 1995) und die Frontallappen (Pfefferbaum et al., 1997). Ferner nahm die destruktive Wirkung des Alkohols mit steigendem Alter zu.

Schroth et al. (1988) konnten jedoch auch eine Verringerung der Atrophie nach fünfwöchiger Abstinenz nachweisen. Das Gehirn scheint unter Abstinenz wieder an Volumen zuzulegen. Die MRT erlaubt wiederholte Messungen an derselben Person und die Bestimmung des Wassergehaltes des Gewebes. Mann (1992) konnte nachweisen, dass die Volumenzunahme des Gehirnsgewebes unter fortschreitender Abstinenz bei gleichzeitig konstantem Wassergehalt stattfindet. Damit wurde die Rehydratationshypothese widerlegt. Die Substanzzunahme kann nicht auf bloße Wassereinlagerung (Rehydratationshypothese) zurückgeführt werden. Es muss zu einer Zunahme funktionellen Gewebes, z. B. zu einer Restitution des Gewebes im Sinne einer Dendritenaussprossung, kommen. Durch den Einsatz magnetresonanzspektroskopischer Untersuchungen wurden diese Annahmen bestätigt. Bereits kurz nach Abstinenzbeginn sind Effekte neuroregenerativer Prozesse in Form höherer N-Acetyl-Aspartat-Konzentration nachweisbar (Bendszus et al., 2001).

Da der Wassergehalt des Gewebes bei restituiertem Volumen konstant bleibt, wurde auf die Restitution funktionellen Gewebes bei fortschreitender Abstinenz geschlossen

Studien, die sich die funktionelle Bildgebung (Positronen-Emissions-Tomografie (PET) oder Single Photon Emission Tomographie (SPECT)) zunutze machen, konnten einen eingeschränkten Blutfluss oder eingeschränkte Stoffwechselraten auch für Gehirnbereiche aufzeigen, für die sich noch keine Atrophie nachweisen lässt (Fowler & Volkow, 1998). Die Verbindung der Resultate der bildgebenden Verfahren mit den neuropsychologischen Ergebnissen erbrachte jedoch keine konsistenten Befunde. So konnte kein signifikanter Zusammenhang zwischen der Frontalhirnatrophie und der Problemlösefähigkeit gefunden werden (Oscar-Berman et al., 1997). Zwischen der Atrophie der Mammillarkörper und den Resultaten der Gedächtnistests zeigten sich dagegen Zusammenhänge (Sullivan et al., 1999). Die Ergebnisse legen nahe, dass die funktionelle Bildgebung eine Abnahme der Stoffwechseltätigkeit und des Blutflusses für das Frontalhirn feststellen kann, bevor signifikante Atrophien oder signifikante kognitive Veränderungen messbar sind (Nicolas et al., 1993; Volkow et al., 1992).

Funktionelle Bildgebung mit PET und SPECT zeigte eingeschränkten Stoffwechsel auch für Gehirnbereiche ohne Atrophie

Keine konsistenten Korrelationen mit den neuropsychologischen Leistungen

Nach drei bis vier Wochen fortschreitender Abstinenz erholen sich die kognitiven und motorischen Funktionen teilweise (Oscar-Berman et al., 1997). Dieser Prozess geht mit einer partiellen Rückbildung der Hirnatro-

Alcoholic **Control**

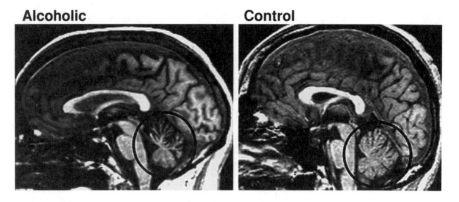

Abbildung 1:
Mittlere MRT-Saggitalschnitte eines alkoholabhängigen Patienten mit massiver Atrophie des anterioren superioren Kleinhirnbereiches und eines gesunden, gleichaltrigen Kontrollproban-den (rechts) (Sullivan et al., 2003, Abdruck mit freundlicher Genehmigung von Elsevier).

phie und einer Normalisierung der Stoffwechselaktivität im Frontalhirn (Pfefferbaum et al., 1995) und Kleinhirn einher. Der frontale Blutfluss er-holt sich und erreicht innerhalb von vier Jahren nahezu normales Niveau (Gansler et al., 2000). Dagegen führen Rückfälle erneut zu einer Atrophie (Pfefferbaum et al., 1995), zum Rückgang des Stoffwechsels und zu kog-nitiven Defiziten (Johnson-Greene et al., 1997).

4.4 Zusammenfassung

Neben dem spezifischen Läsionsmuster, das sich für die Patienten mit am-nestischem Syndrom nachweisen ließ, zeigt sich in der Bildgebung und der Neuropathologie ein Muster kontinuierlich ansteigender Atrophie bei den alkholabhängigen Patienten. Mit zunehmender Schwere und Dauer der Erkrankung steigt das Ausmaß der morphologischen Beeinträchtigung. Bei älteren alkoholabhängigen Patienten scheint dieser destruktive Prozess noch stärker ausgeprägt zu sein. Dagegen erholt sich das Gehirn unter Abstinenzbedingungen. Das Volumen des Gehirns nimmt in Form funk-tionellen Gewebes (z. B. Aussprossung von Dendriten) wieder zu. Der Zu-sammenhang der morphologischen Beeinträchtigungen mit neuropsycho-logischen Leistungen ist jedoch nicht konsistent.

Im Gegensatz zu der kontinuierlich steigenden Atrophie zeigt sich klinisch ein großer Unterschied zwischen den milden Beeinträchtigungen der alko-holabhängigen Patienten und den distinkten und gravierenden neurologi-schen Symptomen der persisitierenden Amnesie (Knight, 2001) oder der subtsanzinduzierten Demenz.

26

5 Neuropsychologische Studien

5.1 Neuropsychologische Defizite bei sozialen Trinkern unter akuter Intoxikation

Die Untersuchungen zur akuten Alkoholintoxikation beschränken sich auf Stichproben gesunder Probanden (soziale Trinker). Für alkoholabhängige Patienten ist jegliche, auch eine experimentell geplante Alkoholintoxikation kontraindiziert. Die neuropsychologischen Konsequenzen akuter Alkoholeinnahme sind jedoch bei sozialen Trinkern den langfristigen Folgen chronischer Alkoholzufuhr bemerkenswert ähnlich. Bei sozialen Trinkern sind unter akuter Intoxikation komplexe und neuartige Aufgaben mit Anforderungen an die Exekutivfunktionen sensitiv für die alkoholbedingten Störungen (Peterson et al., 1990). Dabei nimmt das Ausmaß der Defizite mit steigender Blutalkoholkonzentration (BAK) zu. Es kommt zu Beeinträchtigungen in der Informationsverarbeitung, der Aufmerksamkeit, der Psychomotorik (im Sinne einer visuell-motorischen Informationsverarbeitung), im Denkvermögen und im Gedächtnis. Einfluss auf die Defizite haben akute Gewöhnung, Toleranzentwicklung und die Erwartung, durch Alkohol beeinträchtigt zu werden.

Vergleich mit akuter Intoxikation und sozialem Trinken

Größere Defizite bei steigender Intoxikation

Akute Gewöhnung setzt bereits in der Trinksituation ein und bewirkt, dass die neuropsychologischen Beeinträchtigungen bei ansteigender BAK größer sind als bei abfallender BAK, auch wenn die absolute BAK identisch ist. Toleranz entwickelt sich dagegen über die Trinksituationen hinweg durch regelmäßigen Konsum im Verlauf von Tagen und Wochen. Schreckenberger et al. (2004) untersuchten komplexe Aufmerksamkeitsleistungen auf akute Gewöhnung. Es wurden Untertests der Testbatterie zur Aufmerksamkeitsprüfung (TAP) unter 0,7–1,0‰ bei aufsteigender BAK und unter ebenso hoher, aber absteigender BAK durchgeführt. Nur während zunehmender Intoxikation waren die Reaktionszeiten in den Untertests Geteilte Aufmerksamkeit (Mittelwert des Medians: 646 msec) und Reaktionswechsel (Mittelwert des Medians: 557 msec) signifikant erhöht. Unter abfallender BAK waren die Reaktionszeiten sowohl in Geteilter Aufmerksamkeit (Mittelwert des Medians: 581 msec) als auch in Reaktionswechsel (Mittelwert des Medians: 451 msec) nicht von den Leistungen unter Abstinenz zu unterscheiden.

Akute Gewöhnung

Schweizer et al. (2006) untersuchten die Effekte akuter Intoxikation mit dem ImPACT-Testsystem (Immediate Post-Concussion Assessment and Cognitive Testing; www.impacttest.com). Aus den Bereichen „verbales und visuelles Kurz- und Langzeitgedächtnis", „Informationsverarbeitung", „Arbeitsgedächtnis" und „Inhibitionskontrolle" wurden 14 Ergebnisparameter überprüft. Sowohl bei ansteigender, als auch bei abfallender BAK waren die Probanden in der Inhibitionskontrolle (computerisierter Farb-Wort-Interferenztest) und in der Wiedergabe der Stimuli aus dem Test zur Informationsverarbeitung (computerisierte Version eines Zahlen-Symbol-Tests) beeinträchtigt. Im verbalen Gedächtnis (verzögertes Wiedererkennen von Wörtern) und in der Informationsverarbeitung waren die Probanden nur unter ansteigender BAK signifikant schlechter als in der Kontrollbedingung. Für diese Parameter wurde also akute Gewöhnung festgestellt. Mit den Aufgaben zum visuellen Kurzzeit- und Langzeitgedächtnis (unmittelbares und verzögertes Wiedererkennen von Strichzeichnungen) und zum visuell-räumlichen Arbeitsgedächtnis wurden dagegen nur unter absteigender BAK defizitäre Leistungen gemessen.

Vogel-Sprott (1979) konnte nachweisen, dass es bei motorischen und kognitiven Funktionen auch Unterschiede in akuter Gewöhnung und überdauernder Toleranzentwicklung gibt. Zunächst wurde in der experimentellen Bedingung mit fünf Probanden (soziale Trinker mit durchschnittlich 1,6 Konsumtagen pro Woche) die Pursuit Rotor Task (mit Zeigestift bewegtes Target auf Bildschirm oder rotierender Scheibe verfolgen) und eine Coding-Aufgabe geübt. In der Coding-Aufgabe werden in einem drei Minuten Intervall in einer Matrix mit Buchstaben und Zahlen nach dynamisch wechselnden Regeln z. B. Großbuchstaben oder kleine Buchstaben etc. markiert. Anschließend tranken die Probanden im Abstand von je einer Woche insgesamt viermal kontrolliert Alkohol bis zu einem BAK-Wert von maximal 0,80‰ (Mittlerer Spitzenwert: 0,82‰) und bearbeiteten dann beide Tests zu jedem Termin jeweils unter aufsteigender BAK (0,70‰) und abfallender BAK (0,59‰). Die Kontrollgruppe mit vier Probanden erhielt keinen Alkohol. In der Coding-Aufgabe verbesserte sich die Leistung bei sinkender BAK (akute Gewöhnung) und unterschied sich überdies in den späteren Sitzungen nicht mehr von der Leistung der Kontrollgruppe. Zusätzlich zur akuten Gewöhnung bildete sich für diese komplexe Aufmerksamkeitsleistung also auch die einzelnen Untersuchungen überdauernde Toleranz gegenüber der Intoxikation aus. Ganz im Gegensatz dazu blieben die Leistungen in der Pursuit Rotor Task auch bei abfallenden BAK-Werten beeinträchtigt (keine akute Gewöhnung) und auch in den späteren Sitzungen im Verlauf zeigte sich keine Verbesserung der Leistungen (keine Toleranzentwicklung).

Unter akuter Alkoholintoxikation ergeben sich für komplexe Aufmerksamkeitsparadigmen (Geteilte Aufmerksamkeit, Flexibilität, Coding) akute Gewöhnungseffekte. Die bei steigender BAK gefundenen Beeinträchtigungen verringern sich bereits unter gleich hoher, aber abfallender Blutalkoholkonzentration. Diese akute Adaptationsleistung zeigt sich dagegen nicht für komplexe psychomotorische Tests (Pursuit Rotor Task).

Bei mehrfach wiederholter Untersuchung unter vergleichbarer Alkoholintoxikation verlieren sich die Defizite in komplexen Aufmerksamkeitstests. Die Probanden erreichen dann sowohl bei ansteigender als auch bei abfallender BAK das normale Leistungsniveau und zeigen überdauernde Toleranz für die Intoxikationseffekte. Wie im Fall der akuten Gewöhnung wurde die Adaptation jedoch wiederum nicht bei den komplexen psychomotorischen Tests beobachtet.

5.2 Neuropsychologische Studien zum sozialen Trinken

Der im Vergleich zur gesamten Bevölkerung durchschnittliche Konsum alkoholischer Getränke wird in wissenschaftlichen Studien auch als soziales Trinken oder sozial akzeptiertes Trinken beschrieben. Lange Zeit wurde angenommen, dass soziales Trinken, ähnlich wie Alkoholabhängigkeit, proportional zur Dauer des Trinkens zu erheblichen kognitiven Beeinträchtigungen führt. In Anlehnung an diese Theorie hatte Ryback (1971) seine vielbeachtete Kontinuitätshypothese entwickelt, nach der die Dauer des chronischen Alkoholkonsums mit dem Ausmaß kognitiver Defizite in Zusammenhang steht. *(Uneindeutige Studienlage)*

Die Befundlage war jedoch in Folge der ersten Arbeit, die negative Auswirkungen aufgezeigt hatte (Parker & Noble, 1977), lange Zeit uneindeutig. Die Befunde konnten oftmals nicht repliziert werden und es wurde nach anderen Faktoren wie nach Einflüssen des Alters, der Bildung, des sozio-ökonomischen Status, der Ängstlichkeit oder des Affektes (Stress und Depression) gesucht (Parsons & Nixon, 1998). Unterstützt durch die Verbesserung der Studienmethodik und der Testpsychologie kam Parsons (1998) zu dem Schluss, dass bei „heavy social drinkers" kognitiver Abbau festgestellt werden könne. Erst ab Trinkmengen, die mit denen bei vorliegender Abhängigkeit vergleichbar sind (jeweils mehr als 60 Gramm an fünf bis sieben Tagen pro Woche), scheinen Defizite reliabel nachweisbar zu sein. Damit liegen die konsumierten Alkoholmengen für diese Gruppe bereits im Bereich von alkoholabhängigen Patienten. *(Defizite ab 60 Gramm Alkohol/Tag nachweisbar)*

Sozial akzeptiertes Trinken, ohne Vorliegen einer Abhängigkeit oder eines Missbrauches, führt erst ab 60 Gramm/Tag zu reliabel nachweisbaren kognitiven Defiziten. Beeinträchtigungen zeigen sich also erst bei Trinkmengen, die denen bei Alkoholabhängigkeit gleichen. Moderates soziales Trinken scheint keine bedeutsamen neuropsychologischen Defizite hervorzurufen.

29

5.3 Neuropsychologische Befunde bei Alkoholabhängigkeit

Die Untersuchungen zu neuropsychologischen Defiziten bei alkoholabhängigen Patienten waren lange Zeit durch Stichprobeneffekte belastet aufgrund der konfundierenden Variablen Alter der Patienten, Bildung und Dauer der Abstinenz vor der neuropsychologischen Untersuchung, Einschluss von Patienten mit persistierendem amnestischem Syndrom (Korsakow-Syndrom) und von Patienten mit anderen neurologischen Erkrankungen wie Schädel-Hirn-Trauma. Es ergaben sich deswegen sehr heterogene Befunde. Zusätzlich wird in vielen Darstellungen nicht deutlich, was statistisch signifikante Unterschiede zwischen Patienten und Kontrollpersonen in der Praxis in einem bestimmten Testverfahren bedeuten.

Deshalb wird eine gut kontrollierte Studie mit deutschen alkoholabhängigen Patienten als Referenz- bzw. Vergleichsstudie eingeführt und in diesem Absatz zunächst ausführlich charakterisiert. In den Kapiteln zu den neuropsychologischen Bereichen Intelligenz, Gedächtnis, Psychomotorik (visuell-motorische Informationsverarbeitung) und Aufmerksamkeit werden neben der Darstellung des Stands der Forschung zusätzlich die Leistungen der Patienten und Kontrollpersonen aus dieser Vergleichsstudie in Tabellenform abgebildet. Dadurch soll ein umfassendes Bild der sozialdemografischen Charakteristika, des Trinkverhaltens und des kognitiven Leistungsspektrums alkoholabhängiger Patienten vermittelt werden. Der Einfluss der Alkoholabhängigkeit kann in den einzelnen neuropsychologischen Bereichen direkt abgelesen werden. Anhand der Tabellen können die neuropsychologischen Befunde von Patienten mit Alkoholabhängigkeit oder Alkoholabhängigkeit plus zusätzlicher neurologischer oder psychiatrischer Erkrankung verglichen und eingeordnet werden.

Die Stichprobe der Vergleichsstudie besteht aus 60 männlichen alkoholabhängigen Patienten und 60 männlichen Kontrollpersonen, die anlässlich eines groß angelegten Forschungsprojektes ausführlich charakterisiert und neuropsychologisch untersucht wurden (Scheurich et al., 2004; Wetzel et al., 2004). Die Patienten wurden alle zu dem in internationalen Studien üblichen Zeitpunkt nach der Entgiftungsbehandlung (fünf bis sieben Tage nach letzter Entgiftungsmedikation) untersucht. Die soziodemografischen Variablen und Angaben zur lebensgeschichtlichen und aktuellen Trinkmenge sind in Tabelle 2 dargestellt. Bei den Patienten waren Alkoholpsychosen wie z. B. Alkoholhalluzinose oder Korsakow-Syndrom und andere psychiatrische, neurologische oder internistische Erkrankungen (inklusive Erkrankungen der Leber) ausgeschlossen, die sich auf den neuropsychologischen Status auswirken können. Ebenfalls wurden andere Substanzabhängigkeiten oder Substanzmissbrauch ausgeschlossen (außer Nikotinabhängigkeit). Bei den Kontrollpersonen lag überdies keine Alkoholabhängigkeit und kein Alkoholmissbrauch vor.

Tabelle 2:

Alter, Ausbildung, lebenszeitliche und aktuelle Trinkmengen einer typischen Stichprobe alkoholabhängiger Patienten nach Entgiftungsbehandlung und einer gesunden Kontrollgruppe

	Alkoholabhängige			Kontrollpersonen			Vergleich
	N	MW/%	SD	N	MW/%	SD	P
Alter	60	45,6	9,6	60	43,1	11,7	0,19
Schulabschluss	60			60			0,63
Ohne	1	1,7%		–	–		–
Hauptschule	37	61,7%		34	56,7%		
Mittlere Reife	7	11,7%		11	18,3%		
(Fach-)Abitur	10	16,7%		8	13,3%		
Hochschulabschluss	5	8,3%		7	11,7%		
Schuljahre[1]	60	10,1	1,8	60	10,2	1,7	0,71
Berufsausbildung	60			60			0,28
ohne oder abgebrochen	7	11,7%		6	10,0%		
abgeschlossen	39	65,0%		32	53,3%		
mehrere Berufe erlernt	14	23,3%		22	36,7%		
MAST-Score[2]	41	32.83	10.61	59	1.81	2.69	<0,0005
Anzahl der Trinkjahre	50	28.51	8.97	60	25.40	12.63	0,14
Lebensgesamttrinkmenge in Gramm	50	671 381	379 725	60	116 993	94 043	<0,0005
Trinkmenge in den letzten 90 Tagen vor der stationären Aufnahme in Gramm	54	9 754	7 100	60	814	646	<0,0005
Anzahl der Trinktage in den letzten 90 Tagen vor Aufnahme	54	60.46	31.38	60	28.27	24.59	<0,0005
Anzahl abstinenter Tage in den letzten 90 Tagen vor Aufnahme	54	32.82	34.87	60	68.54	27.39	<0,0005
Anzahl abstinenter Tage vor der Testung	60	16.65	6.76	60	8.82	21.75	0,01

Anmerkungen: [1] Anzahl der Regelschuljahre bis Abitur; [2] Michigan Alcoholism Screening Test
N = Anzahl Patienten bzw. Probanden; MW = Mittelwert; SD = Standardabweichung; P = Wahrscheinlichkeit

Wie aus Tabelle 2 hervorgeht, bestanden *keine* Unterschied im Alter, in der Schulbildung, der Berufsausbildung und in der Anzahl der Trinkjahre, da die Kontrollpersonen im vergleichbaren Zeitraum sozial akzeptierten Alkoholkonsum aufwiesen. Die alkoholabhängigen Patienten waren zum Zeitpunkt der neuropsychologischen Untersuchung seit 16,7 Tagen (SD = 6.8 Tage) abstinent. Bezüglich des Trinkverhaltens wiesen die Patienten beträchtliche Probleme auf. Das Ergebnis des Michigan Alcoholism Screening Test (MAST; Selzer, 1971) war signifikant höher als bei den Kontrollpersonen. Trotz einer vergleichbaren Zeitspanne an lebenszeitlichem Alkoholkonsum hatten die Patienten zum Zeitpunkt der Untersuchung im Alter von 45,6 Jahren das 5,7-Fache an reinem Alkohol konsumiert wie die Kontrollprobanden. Der hohen Lebenszeittrinkmenge von über 670 Kilogramm reinem Alkohol entsprechen 2.800 Flaschen Whiskey (0,75 l) oder 16.800 Liter Bier. Bezogen auf die durchschnittlich 28,5 Lebenszeittrinkjahre haben die Patienten 0,2 Liter Whiskey oder 1,6 Liter Bier an jedem Tag getrunken. Im Vergleich dazu haben die gesunden Kontrollpersonen im Alter von 43,1 Jahren in durchschnittlich 25,4 Trinkjahren 488 Flaschen Whiskey (0,75 l) oder 2.925 Liter Bier getrunken. Das entspricht 0,30 Liter Bier oder 0,04 l Whiskey pro Tag.

Exzessiver Alkoholkonsum der Patienten – durchschnittlicher Konsum der Kontrollpersonen

Das tatsächliche Trinkverhalten ist jedoch auch bei alkoholabhängigen Patienten sowohl durch Tage mit exzessivem Konsum wie auch durch abstinente Phasen gekennzeichnet. Das Trinkmengen-Interview ergab, dass viele Patienten relativ kurz vor der stationären Entgiftung rückfällig wurden. Dadurch sind auch bei der Gruppe der alkoholabhängigen Patienten rund 30 abstinente Tage in den 90 Tagen vor der stationären Entgiftung zu verzeichnen. Dann setzte allerdings Kontrollverlust ein und hohe Trinkmengen mit bis zu 480 Gramm an einem Tag wurden berichtet (entspricht 12 l Bier oder 2 Flaschen Whiskey). Im Monat vor der stationären Entgiftung haben die alkoholabhängigen Patienten im Durchschnitt 180 Gramm reinen Alkohol pro Trinktag zu sich genommen. Das entspricht 4,5 Liter Bier oder 0,55 Liter Whiskey. Wenn die gesunden Kontrollen getrunken haben, haben sie an einem Trinktag durchschnittlich 32,5 Gramm reinen Alkohol konsumiert. Das entspricht 0,8 Liter Bier oder 0,1 Liter Whiskey.

5.3.1 Intelligenz

Stichprobeneffekte

Wie bereits dargestellt, zeigten sich in frühen Untersuchungen je nach Stichprobe widersprüchliche Ergebnisse. Aus diesem Grund führten Knight & Longmore (1994) eine Meta-Analyse über die Studien durch, die die allgemeine Intelligenz der Patienten bestimmt hatten und methodisch vergleichbar waren. Die Autoren analysierten 19 Studien mit insgesamt 833 Alkoholabhängigen und 761 Kontrollpersonen und verglichen die ermittelten Effektstärken. Für die Einordnung der Ergebnisse ist vor allem die Vergleichbarkeit hinsichtlich Alter (MW: 41,5 Jahre SD = 4,7) und die Abstinenzdauer (MW: 27,3 Tage; SD = 11,9) bedeutsam. Für die Ermittlung der Effektstärke wurde der Unterschied der Mittelwerte in der Patienten- und Kontrollgruppe an der Standardabweichung der Kontrollgruppe relativiert (ES = (MW der Patientengruppe – MW der Kontrollgruppe) / SD der Kontrollgruppe).

Zusammenfassend schildern die Autoren, dass der Unterschied im IQ einer Effektstärke von 0,63 entsprach. Der Mittelwert der Kontrollgruppe lag auf dem 74. Perzentil der Ergebnisverteilung der Patienten. Damit schnitt die durchschnittliche Kontrollperson besser als 74 % der Patienten ab. Ferner erbrachten die Ergebnisse der verbalen Tests kleinere Effektstärken als die nonverbalen Tests. Die durchschnittliche Effektstärke für die verbalen Tests des Wechsler-Intelligenz-Tests war 0.65. Damit waren 75 % der Kontrollpersonen in diesen Aufgaben besser als der Durchschnitt der Patienten. Für die nonverbalen Tests (Handlungsteil) ergaben sich Effektstärken von 0.90. Dementsprechend waren die Kontrollpersonen im Durchschnitt besser als 81 % der alkoholabhängigen Patienten.

Die Kontrollpersonen waren im Durchschnitt besser als 75–80 % der Patienten

Insgesamt konnten in dieser Meta-Analyse signifikante Unterschiede zwischen Patienten und Kontrollpersonen im Zustand zwei Wochen nach Entgiftung aufgezeigt werden. Die Unterschiede entsprechen *praktisch* jedoch nur einer milden Beeinträchtigung für verbale Aufgaben und einer moderaten Beeinträchtigung für nonverbale Aufgaben. Knight und Longmore (1994) wiesen darauf hin, dass die Tests, die die größten Unterschiede erbrachten (Bilderordnen, Figurenlegen, Zahlen-Symbol-Test und Mosaiktest) vermutlich sensitiver für Beeinträchtigungen sind als verbale Tests.

Vergleichbare Unterschiede fanden Mann et al. (1999) anhand einer deutschen Stichprobe (49 Patienten versus 49 Kontrollpersonen). Die Defizite alkoholabhängiger Patienten wurden mit dem Leistungsprüfsystem (LPS; Horn, 1983) erhoben. Der IQ der alkoholabhängigen Patienten (103,5 ± 9,8) war signifikant niedriger als der der gesunden Kontrollpersonen (109,5 ± 9,9; ES = 0,61). Die alkoholabhängigen Patienten waren im Untertest 2 (verbales Wissen und Rechtschreibung: 39,6 ± 13,0 Punkte vs. 47,1 ± 12,0 Punkte; ES = 0,63), im Untertest 4 (nonverbales Denkvermögen: 21,4 ± 7,2 Punkte vs. 24,6 ± 5,9 Punkte; ES = 0,54) und im Untertest 9 (räumliches Vorstellungsvermögen: 20,3 ± 8,2 Punkte vs. 24,7 ± 7,8 Punkte; ES = 0,56) signifikant schlechter als die gesunden Kontrollpersonen. In den anderen Untertests ergaben sich keine signifikanten Unterschiede. Kein Patient hatte im Vergleich zur LPS-Testnorm unterdurchschnittliche Testergebnisse.

Ergebnisse deutscher Studien

In der ausführlich dargestellten Vergleichsstudie wurde die Intelligenz der Patienten mit der Kurzversion des LPS (LPS-K) nach Sturm und Willmes (1983) bestimmt (siehe Tabelle 3). Weitgehend übereinstimmend mit den Ergebnissen von Mann et al., (1999) zeigten die alkoholabhängigen Patienten (nach Adjustierung des Signifikanzniveaus per Bonferroni-Korrektur) signifikante Defizite im nonverbalen Denkvermögen (LPS Untertest 4)

Komplexe verbale Tests

Tabelle 3:
Intelligenztestleistungen einer typischen Stichprobe alkoholabhängiger Patienten
nach Entgiftungsbehandlung und einer gesunden Kontrollgruppe

Vergleichs-studie	Variable	Alkoholabhängige			Kontrollgruppe			Vergleich	
		N	MW	SD	N	MW	SD	P[2]	ES
	Leistungsprüfsystem LPS-K								
	Verbales Wissen, Recht-schreibung Untertest 1 und 2[1]	60	56,67	3,59	60	57,17	2,98	0,408	0,17
	Nonverbales Denkvermögen Untertest 3[1]	60	54,57	6,83	60	58,05	7,13	0,007	0,49
	Nonverbales Denkvermögen Untertest 4[1]	60	53,40	6,25	60	56,78	6,33	**0,004**	0,53
	Verbale Flüssigkeit Untertest 5[1]	60	54,00	7,39	60	57,00	6,51	0,019	0,46
	Verbale Flüssigkeit Untertest 6[1]	60	59,88	6,97	60	62,25	6,19	0,052	0,38
	Räumliches Vorstellungs-vermögen Untertest 9[1]	60	56,33	7,86	60	59,27	7,97	0,045	0,37
	Erkennen des Wesentlichen Untertest 10[1]	60	56,30	6,73	60	59,97	6,80	**0,004**	0,54
	Rechtschreibung Untertest 12[1]	60	53,02	7,74	60	54,38	5,96	0,281	0,23
	LPS-Intelligenzquotient	60	107,45	9,79	60	112,29	9,52	0,007	0,51
	MWT-B								
	Rohwert	60	29,40	3,93	60	29,45	4,17	0,762	0,01

Anmerkungen: [1] Die Skalenwerte sind per Manual ermittelte T-Werte (M = 50, SD = 10).
[2] adjustiertes Signifikanzniveau alpha* = 0,005
N = Anzahl Patienten bzw. Probanden; MW = Mittelwert; SD = Standardabwei-chung; P = Wahrscheinlichkeit; ES = Effektstärke

und in der visuellen Verarbeitung („Erkennen des Wesentlichen", LPS Un-tertest 10). Die verbalen Tests waren weitgehend unbeeinträchtigt.

In der Betrachtung der Einzelfälle ergaben sich für die 60 alkoholabhängi-gen Patienten nur sieben Werte unterhalb der Altersnorm: Zwei in Untertest 3, einer in Untertest 4, einer in Untertest 5, einer in Untertest 9 und zwei in Untertest 12. Alle Patienten hatten einen IQ von mindestens 85 bis maximal 129. Bei den Kontrollpersonen gab es einen unterdurchschnittlichen Wert im LPS 5 und einen im LPS 10. Alle Kontrollpersonen hatten einen IQ im Bereich von 87 bis 133.

Streubreite der Leistungen der einzelnen Patienten und Kontrollpersonen

Die Defizite erlauben folgerichtig keine diagnostische Zuordnung von Patienten und Kontrollpersonen allein aufgrund der neuropsychologischen Leistungen. Für den LPS-Gesamt-Intelligenzquotienten ergibt sich beim Trennwert von < 110 IQ-Punkten eine Sensitivität von 61,7 % und eine Spezifität von 58,3 %. Das heißt, die Defizite sind zu gering, um einzelne Personen einer Gruppe zuordnen zu können.

Sensitivität und Spezifität nicht ausreichend für Einzelfalldiagnostik

Im Wesentlichen lässt sich zusammenfassen, dass die Defizite der Alkoholabhängigen zwei bis drei Wochen nach der Entgiftung in Intelligenztests eher leicht bis moderat ausgeprägt sind. Sie sind vorwiegend auf das nonverbale Denkvermögen und die visuell räumliche Verarbeitung zurückzuführen, während verbale Fähigkeiten weitgehend erhalten sind.

5.3.2 Visuell-räumliche Leistungen

Beatty et al. (1996) untersuchten alkoholabhängige Patienten mit einer umfangreichen Testbatterie mit visuell-figuralen und visuell-räumlichen Testverfahren. Die Stichprobe umfasste leider auch Patienten mit Alkoholmissbrauch. Die neuropsychologische Untersuchung fand zwischen 21 und 40 Tagen nach Behandlungsbeginn statt. Damit ist für die meisten Teilnehmer eine kurze Abstinenzdauer anzunehmen. Die Autoren fanden Defizite im visuellen Scanning (Buchstabendurchstreichen, Weintraub & Mesulam, 1985), in den räumlich-kognitiven und figural-kognitiven Leistungen (Mental Rotation Test, Vandenberg & Kuse, 1978; Visual Imagery Test, Beatty et al., 1996), in den räumlich-konstruktiven Leistungen (Rey-Osterrieth-Figur, Osterrieth & Rey, 1944; Wechsler Memory Scale (WMS), Wechsler, 1945; Figurales Gedächtnis), im räumlich-konstruktiven Gedächtnis (Wiedergabe der Rey-Osterrieth-Figur und der Stimuli des WMS-Subtests Figurales Gedächtnis) und in Tests zur allozentrischen räumlichen Wahrnehmung. Unbeeinträchtigt war dagegen das Langzeitgedächtnis für geographische Orientierung.

Übereinstimmend werden in den meisten Studien Defizite in visuell-räumlichen Tests gefunden

Sullivan et al. (2000) fanden für visuell-räumliche Aufgaben deutlich größere Beeinträchtigungen als für verbale Aufgaben. Mit dem Gollin Incomplete Figures Test (Benennen fragmentiert dargebotener Bilder, Gollin, 1960), der Rey-Osterrieth-Figur und dem Hidden Figures Test (Identifikation einfacher Figuren, die in komplexen Mustern versteckt sind, Gorkin, 1979) lagen die Leistungen der alkoholabhängigen Patienten in der Reihenfolge mit 0,5 Standardabweichungen, 0,75 und 1,0 Standardabweichungen deutlich unter den Leistungen der gesunden Kontrollgruppe. Im Gegensatz dazu fanden Davies et al. (2005) keine Unterschiede zwischen den Patienten und den Kontrollpersonen mit der Rey-Osterrieth-Figur. Ein solch deutlicher Unterschied in den relativ aktuellen Studienergebnissen muss wahrscheinlich wiederum auf die Stichproben zurückgeführt werden. Die Patienten bei Sullivan waren erst seit 32.5 ± 3.9 Tagen abstinent, während die Patienten bei Davies mindestens sechs Wochen und im Durchschnitt mehrere Monate keinen Alkohol mehr getrunken hatten.

Im Überblick ergeben sich konsistent in verschiedenen Untersuchungen Defizite in visuell-konstruktiven und visuell-räumlichen Funktionen. Allerdings beeinflussen Stichprobeneffekte, wie zum Beispiel überlange Abstinenzzeiten, sogar relativ neue Studien und verzerren die Ergebnisse.

5.3.3 Gedächtnis

Für die Untersuchung der Gedächtnisleistungen alkoholabhängiger Patienten ergab sich ebenfalls ein Bild geringer bis moderater Defizite.

Milde Defizite
In gut kontrollierten Studien wurden für den Zustand nach Entgiftungsbehandlung in verbalen wie auch nonverbalen Gedächtnistests konsistent Defizite im Leistungsbereich von etwa einer halben Standardabweichung unterhalb der Leistung der Kontrollprobanden gefunden (Mann, 1992; Mann

Tabelle 4:
Gedächtnisleistungen einer typischen Stichprobe alkoholabhängiger Patienten im AVLT (Heubrock, 1994) nach Entgiftungsbehandlung im Vergleich zu einer gesunden Kontrollgruppe

Vergleichs-
studie

Variable	Alkoholabhängige Patienten			Kontrollgruppe			Vergleich	
	N	MW	SD	N	MW	SD	P	ES
AVLT: A1 Richtige	60	6,47	1,84	60	7,00	1,74	0,071	0,30
AVLT: A5 Richtige	60	11,55	2,40	60	12,18	2,24	0,187	0,28
AVLT: A1–A5 Richtige	60	48,08	8,78	60	51,32	9,51	0,044	0,34
AVLT: B Richtige	60	5,72	1,80	60	5,98	2,01	0,324	0,13
AVLT: A6 Richtige	60	9,62	2,92	60	10,28	2,75	0,260	0,24
AVLT: Wiedererkennen Richtige	60	13,18	1,90	60	13,08	2,34	0,895	−0,04

Anmerkungen: N = Anzahl Patienten bzw. Probanden; MW = Mittelwert; SD = Standardabweichung; P = Wahrscheinlichkeit; ES = Effektstärke

36

et al., 1999; Rupp et al., 2006; Sullivan, Rosenbloom & Pfefferbaum, 2000). Folgerichtig ergaben sich in der Vergleichsstudie ebenfalls nur milde Beeinträchtigungen und grenzwertig signifikante Unterschiede zwischen den Gruppen (siehe Tabelle 4).

Bei Betrachtung der Einzelfälle zeigten sich die große Spannweite der Leistungen und große Überschneidungen der Testergebnisse beider Gruppen. Für den ersten AVLT-Lerndurchgang (unmittelbare Merkspanne) fanden sich sowohl bei den Patienten als auch bei den Kontrollen je zwei Teilnehmer, die nur drei Wörter wiedergeben konnten und damit etwa zwei Standardabweichungen schlechter als die Altersnorm waren. Die beste Leistung eines Patienten lag dagegen bei zwölf Worten. Nach fünf Lerndurchgängen lag die schlechteste Leistung eines Patienten bei 29 Wörtern, die beste Leistung entsprach 68 richtig wiedergegebenen Wörtern.

Große Spannweite der Leistungen

In der Wechsler Memory Scale-Revised (WMS-R; Wechsler, 1987) fanden sich Defizite in den Skalen Gedächtnis insgesamt (MW = 92; Effektstärke = 0,53); Aufmerksamkeit und Konzentration (MW = 97; ES = 0,2), Visuelles Gedächtnis (MW = 89,4; ES = 0,71) und Verzögerte Wiedergabe (MW = 93,9; ES = 0,41). Im Untertest zum verbalen Gedächtnis waren dagegen keine Unterschiede zu gesunden Kontrollpersonen (MW = 99,8) messbar. Die statistisch signifikanten Unterschiede waren für die alkoholabhängigen Patienten in klinischer Hinsicht jedoch nur mäßig ausgeprägt. Knight (2001) schlussfolgerte, die Ergebnisse lägen in den Skalen der WMS-R im unauffälligen Bereich.

Insgesamt wird deutlich, dass sich in gut kontrollierten Studien mit genauer Definition des Untersuchungszeitpunktes nach dem Ende der Entgiftungsbehandlung und mit ausreichend Zeit für die Medikamenten-Auswaschphase keine oder nur geringe Störungen des Gedächtnisses finden. Allerdings scheint die Schwierigkeit der Aufgabenstellung Einfluss zu nehmen.

Wurde bei alkoholabhängigen Patienten das Kurzzeitgedächtnis untersucht, das Informationen bis zu 30 Sekunden speichert, ergaben sich in der einfachen Aufgabe zur Zahlenspanne der Wechsler Adult Intelligence Scale (WAIS) keine Unterschiede (Mohs et al., 1978). Dagegen wurden mit dem relativ schwierigen Brown-Peterson-Paradigma Defizite gefunden. Bei dieser Aufgabe werden kurz präsentierte Informationen nach jeweils neun, 18 und 60 Sekunden abgefragt. In der Behaltenszeit ist eine Ablenkungsaufgabe zu bearbeiten, die das mentale Wiederholen unterbindet. Die Patienten hatten in dieser Aufgabe signifikant schlechtere Lernkurven als die Kontrollpersonen (Ryan & Butters, 1980). Gleiches gilt für die verbale Teilaufgabe im Brown-Petersen-Paradigma in der Studie von Sullivan et al. (2000).

Intakte unmittelbare Merkspanne

Defizite in schwierigen Tests

Die Gedächtnisdefizite alkoholabhängiger Patienten scheinen mit der Schwierigkeit der Aufgabenstellung und bei parallelen Anforderungen an das Arbeitsgedächtnis und die exekutiven Funktionen zuzunehmen.

5.3.4 Aufmerksamkeit und Psychomotorik (visuell-motorische Informationsverarbeitung)

Unbeeinträchtigte Aufmerksamkeit

Im Bereich der Aufmerksamkeit fanden Parsons und Leber (1981) mit dem Speech Sounds Perception Test und dem Seashore Rhythm Test aus der Halstead Reitan Test Batterie (Reitan & Wolfson, 1993) Beeinträchtigungen. Beim Speech Sounds Perception Test werden kurze sprachnahe, aber sinnfreie Laute per Audioaufzeichnung vorgegeben. So werden zum Beispiel 60 unterschiedliche Laute vorgegeben, die alle „ee" in der Mitte und unterschiedliche Konsonanten zu Beginn und am Ende aufweisen. Diese Laute sollen aufmerksam wahrgenommen werden, um dann aus einer Auswahl von vier schriftlichen Items das richtige Lösungsitem herausfinden zu können. In dieser Aufgabe waren 62 % der alkoholabhängigen Patienten beeinträchtigt. Für den Seashore Rhythm Test werden 30 nonverbale Geräuschpaare vorgespielt. Die Probanden müssen angeben, ob die beiden Geräusche gleich oder verschieden sind. In der Studie von Parsons und Leber wiesen 44 % der Patienten Beeinträchtigungen auf. Eckardt et al. (1995) fanden dagegen mit diesen beiden Tests keine Beeinträchtigungen bei jungen Alkoholabhängigen. In der Aufmerksamkeit unbeeinträchtigt zeigte sich auch eine deutsche Stichprobe. Wegner (1990) berichtete keine Defizite der alkoholabhängigen Patienten im Revisionstest (Marschner, 1993). Hierbei müssen die Ergebnisse von jeweils 44 einfachen Additionsaufgaben in insgesamt 15 Zeilen auf Richtigkeit überprüft werden.

Keine Defizite in der Vergleichsstudie in Tests mit einfachen Testparadigmen

Für die Vergleichsstudie fanden sich keine Defizite der Aufmerksamkeitsintensität in einem 20 Minuten andauernden Test der Daueraufmerksamkeit (Kathmann et al., 1996). In diesem computerisierten Testverfahren muss ein tachistoskopisch für 40 bis 70 msec dargebotener Zielreiz (Zahl 0) unter erschwerten, optisch verrauschten Bedingungen unter anderen nacheinander erscheinenden Reizen (Zahlen 2–8) herausgefunden werden. Die Ergebnisse der Patienten in diesem Continuous Performance Test unterschieden sich weder im Signalentdeckungsparameter P noch in der Reaktionszeit (siehe Tabelle 5). Es zeigten sich ebenso keine Unterschiede in der Messung der Reaktionsschnelligkeit mithilfe des Untertests Alertness aus der Testbatterie zur Aufmerksamkeitsprüfung (TAP, Zimmermann & Fimm, 1993) und in der Reaktionszeit und Fehlerrate bei Anforderungen an die geteilte Aufmerksamkeit (TAP: Geteilte Aufmerksamkeit).

Defizite in Tests mit höherer Schwierigkeit und Anforderungen an Arbeitsgedächtnis und Flexibilität

Bei steigender Aufgabenschwierigkeit wurden jedoch auch signifikante Unterschiede gefunden. So fanden Ambrose et al. (2001) signifikante Defizite in einer Arbeitsgedächtnisaufgabe. Sie konnten zeigen, dass eine Erhöhung der Testschwierigkeit durch Erhöhung der Anforderungen an die Speicherkapazität und die Prozessierungsfähigkeit des Arbeitsspeichers mit einer schlechteren Performanz der Patienten und mit einer höheren Sensitivität der Testung für alkoholbedingte Defizite einherging. In einer weiteren deutschen Studie wurden mit der TAP ebenfalls keine Unterschiede

Tabelle 5:
Aufmerksamkeitsleistungen einer typischen Stichprobe alkoholabhängiger Patienten
nach Entzugsbehandlung im Vergleich zu einer gesunden Kontrollgruppe

Variable	Alkoholabhängige Patienten			Kontrollgruppe			Vergleich	
	N	MW	SD	N	MW	SD	P	ES
Continuous Performance Test								
Signalentdeckungs-parameter P	55	0,803	0,08	60	0,819	0,08	0,375	0,20
Reaktionszeit Median in msec	56	521	73	60	517	59	0,720	0,07
TAP								
Alertness: Median gesamt in msec	60	223	34	60	226	37	0,722	−0,08
Geteilte Aufmerksamkeit: Median	59	680	80	60	672	90	0,620	0,09
Geteilte Aufmerksamkeit: Fehlreaktionen	59	2,88	7,93	60	2,05	2,81	0,704	0,30
Geteilte Aufmerksamkeit: Auslassungen	59	1,76	1,52	60	1,42	1,76	0,074	0,19

Anmerkungen: TAP = Testbatterie zur Aufmerksamkeitsprüfung (Zimmermann & Fimm, 1993)
N = Anzahl Patienten bzw. Probanden; MW = Mittelwert; SD = Standardabweichung; P = Wahrscheinlichkeit; ES = Effektstärke.

zwischen Alkoholabhängigen und Kontrollpersonen in den TAP-Subtests
Alertness (Reaktionszeit) und in den Subtests zur selektiven und der geteilten Aufmerksamkeit gefunden (Loose et al., 2001). Es fanden sich jedoch signifikante Unterschiede, wenn der Test schwieriger wurde und mit
dem Untertest Reaktionswechsel kognitive Flexibilität überprüft wurde. Die
aufgezeigten Aufmerksamkeitsdefizite werden, weil sie hauptsächlich bei
komplexen Aufmerksamkeitsanforderungen auftreten, mit exekutiven Dysfunktionen in Verbindung gebracht (Ambrose et al., 2001; Brokate et al.,
2008).

Für die psychomotorischen oder visuell-motorischen Fähigkeiten zeigen **Defizite in der**
sich bei den methodisch gut kontrollierten Studien konsistente Ergebnisse. **Psychomotorik**
Die alkoholabhängigen Patienten zeigen sich bei einfacheren Anforderun-
gen wie im Trail Making Test Form A (TMT-A; Reitan, 1992) kaum oder

nur moderat beeinträchtigt. Bei diesem Zahlenverbindungstest müssen auf einem Blatt verteilte Zahlen mit einem Stift in aufsteigender Reihenfolge so schnell wie möglich verbunden werden. Bei steigender Aufgabenschwierigkeit und bei komplexeren Anforderungen wie mit dem Zahlen-Symbol-Test (HAWIE-R) und dem TMT-B wurden übereinstimmend Defizite gefunden. Zur Bearbeitung des TMT-B müssen abwechselnd Zahlen und Buchstaben in aufsteigender Reihenfolge (1-A-2-B ...) verbunden werden. In Tabelle 6 sind die Egebnisse der ausführlich charakterisierten Vergleichsstudie sowie von den Untersuchungen von Davies et al. (2005) und Noel et al., (2001) dargestellt. Kritisch anzumerken sind die großen Unterschiede in den Streuungsmaßen bei Noel et al. (2001), die zu einer extremen Effektstärke für den TMT-B führen.

Für die praktische Bedeutsamkeit der gefundenen Unterschiede ist auch die Streubreite der Testleistungen in der Vergleichsstudie relevant. Es er-

Tabelle 6:
Psychomotorische bzw. visuell-motorische Leistungen einer typischen Stichprobe alkoholabhängiger Patienten nach Entzugsbehandlung im Vergleich zu einer gesunden Kontrollgruppe und Ergebnisse von Davies et al. (2005) und Noel et al. (2001)

Variable	Alkoholabhängige Patienten			Kontrollpersonen			Vergleich	
	n	MW	SD	n	MW	SD	P	ES
Zahlen-Symbol-Test: Wertpunkte Norm	60	8,37	2,62	60	9,67	2,70	,009	0,48
TMT-A: Zeit in Sekunden	60	38,79	18,11	60	32,10	13,17	,022	0,51
TMT-B: Zeit in Sekunden	59	95,55	40,44	60	75,60	26,74	,002	0,75
Davies et al. 2005								
Zahlen-Symbol-Test: Wertpunkte Norm	43	9,3	2,7	58	10,9	2,5	,002	0,64
TMT-A: Zeit in Sekunden	43	36,9	12,8	58	33,0	10,0	n. s.	0,39
TMT-B: Zeit in Sekunden	43	84,4	42,9	58	66,1	23,9	,007	0,77
Noel et al. 2001								
TMT-A: Zeit in Sekunden	30	40,3	18,4	30	35,5	7,9	n. s.	0,61
TMT-B: Zeit in Sekunden	30	110,8	81,3	30	68,3	6,2	,001	6,85

Anmerkungen: N = Anzahl Patienten bzw. Probanden; MW = Mittelwert; SD = Standardabweichung; P = Wahrscheinlichkeit; ES = Effektstärke.

gaben sich mit dem Zahlen-Symbol-Test keine Leistungen bei den gesunden Kontrollpersonen, die unterhalb der Altersnorm von sieben Punkten (Altersnorm: 10 ± 3 Punkte) lagen. Bei den alkoholabhängigen Patienten fanden sich dagegen ein Patient mit nur drei Alterswertpunkten und ein Patient mit nur vier Alterswertpunkten.

Im TMT-A lagen nur drei gesunde Kontrollpersonen über dem Grenzwert für moderate bis schwere Beeinträchtigungen (mehr als 52 Sekunden Bearbeitungszeit). Die Leistungen lagen bei 62, 64 und 93 Sekunden. In der Gruppe der alkoholabhängigen Patienten fanden sich dagegen neun Teilnehmer, die länger als 52 Sekunden Lösungszeit benötigten. Die Bearbeitungszeiten lagen zwischen 55 Sekunden bis zu den folgenden Einzelwerten von 67, 75, 80 und schließlich 120 Sekunden.

Noch deutlicher unterschieden sich die Leistungen im komplexeren TMT-B. Für die Gruppe der gesunden Kontrollpersonen fanden sich vier Einzelleistungen, die mit 121, 133, 149 und 156 Sekunden über dem Grenzwert für moderate bis schwere Beeinträchtigungen (> 120 Sekunden) lagen. Bei den alkoholabhängigen Patienten überschritten 15 Teilnehmer diesen Grenzwert. Die Leistungen streuen von 121 Sekunden über 147 (doppelt), 175 und 185 bis zu 288 Sekunden. Dennoch erlaubt auch der TMT-B keine Einzelfalldiagnostik. Aufgrund der Testergebnisse kann nicht zwischen der Leistung eines Patienten und einer gesunden Kontrollperson unterschieden werden. Bei einem Trennwert von kleiner 75 Sekunden Bearbeitungszeit werden die gesunden Kontrollpersonen nur mit einer Sensitivität von 62,7 % und einer Spezifität von 61,7 % von alkoholabhängigen Patienten unterschieden.

5.3.5 Motorik

Für die motorischen Funktionen der oberen Extremitäten fanden sich wiederholt keine Unterschiede zu gesunden Kontrollpersonen. Tivis et al. (1995) stellten keinen signifikanten Unterschied mit dem Grooved Pegboard Test fest, weder für die dominante, noch für die nicht-dominante Hand. Ebenso beschrieben Sullivan et al. (2000) keine bedeutsamen Unterschiede in einer Testbatterie zur Motorik der Hände. Bei gesonderter Betrachtung der Einzeltests war die Griffstärke beider Hände für die Patienten und Kontrollpersonen nicht unterschiedlich. Die feinmotorische Steuerung (Anzahl der Drehungen eines gerändelten Dübels zwischen Daumen und Zeigefinger) der Patienten lag jedoch für die dominante und die nicht-dominante Hand mehr als 0,5 Standardabweichungen unterhalb der Leistung der Kontrollgruppe.

Dagegen war die Steuerung der unteren Extremitäten in unterschiedlichen Untersuchungen konsistent deutlich beeinträchtigt (Deshmukh et al., 2002).

41

Defizitäre Steuerung der Beine und Korrelation mit Atrophie des Kleinhirnes

Mit einer Ataxie-Testbatterie, die zuerst mit offenen und anschließend mit geschlossenen Augen durchgeführt wurde (Romberg-Stehversuch: 60 Sekunden; Stehen auf einem Bein: 30 Sekunden; auf einer Linie gehen), fanden sich wiederholt signifikante Beeinträchtigungen, die mehr als eine Standardabweichung unterhalb der Leistung der Kontrollprobanden lagen (Sullivan, Deshmukh et al., 2000; Sullivan, Rosenbloom et al., 2000). Das Ausmaß der Ataxie korrelierte signifikant mit dem Volumen der weißen Substanz der Region anterior superior des Kleinhirnwurms. Die unterschiedliche Beeinträchtigung der oberen und unteren Extremitäten kann einen zusätzlichen Einfluss peripherer Neuropathie bedeuten. Allerdings weisen Sullivan et al. (Sullivan, Deshmukh et al., 2000) drauf hin, dass in Studien von Ledin und Odkvist (1991) und von Scholz et al. (1986) 70 % der alkoholabhängigen Patienten eine Beeinträchtigung der Standsicherheit aufwiesen (abnormal sway pattern in posturography) und dass das signifikant größere Schwankmuster nicht mit dem Ausmaß der Neuropathie korrelierte. Sullivan et al. (2000) schlussfolgern daraus, dass die Beeinträchtigung der motorischen Steuerung der unteren Extremitäten zentralnervöscerebellär verursacht sei.

Verursachung durch Polyneuropathie unwahrscheinlich

Berücksichtigung der Bewegungsbahnen und der Bewegungszeiten

Erhellende und weiterführende Befunde ergaben sich in einer aufwändigen Studie, die hypothesengeleitet sensitive Tests für motorische Funktionsstörungen bei Kleinhirnläsionen einsetzte (Sullivan et al., 2002). Dabei wurden sowohl die Reaktionszeiten, die Bewegungszeiten als auch die Bewegungswege festgehalten. In der Studie wurden die Bewegungsbahnen der Hände und Füße während der Aufgaben zum alternierenden Finger-Tapping und alternierenden Fuß-Tapping (jeweils zwei Ziele in 35 cm Abstand treffen), beim Finger-Nase-Versuch (Wand zu Nase) und beim Knie-Hacken-Versuch mittels eines dreidimensionalen computerisierten Trackingsystems erfasst. Es zeigten sich signifikant langsamere, aber genauere Bewegungen der Hände bei den alkoholabhängigen Männern. Die

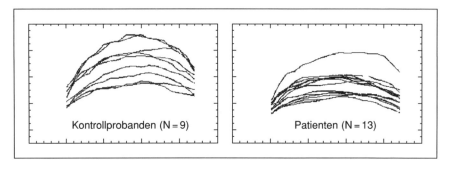

Abbildung 2:
Bewegungsbahnen der Kontrollprobanden und alkoholabhängigen Patienten im Finger-Nase-Versuch (Sullivan et al., 2002) (Bewegungsbahnen des rechten Fingers von einem Ziel an der Wand zur Nasenspitze, jede Linie repräsentiert einen Probanden bzw. einen Patienten).

42

Bewegungsbahnen der Hände wichen signifikant weniger von einer jeweils für die individuellen Patienten gemittelten Ideallinie ab (siehe Abbildung 2). Die Verlangsamung ging nicht auf längere Reaktionszeiten, sondern auf längere Bewegungszeiten zurück. Mit anderen Worten: Nicht die Bewegungsplanung, sondern die Bewegungsausführung war verlangsamt.

Langsamere und genauere Steuerung der Bewegung bei den Patienten

Die Analyse der Bewegungen der unteren Extremitäten ergab nur eine Verlangsamung der Bewegungen mit dem linken Fuß. Es zeigten sich keine Unterschiede in der Streuung der Bewegungsbahnen der unteren Extremitäten. Zusätzlich zu der langsameren und präziseren Bewegungssteuerung der Hände wiesen die alkoholabhängigen Patienten die typischen Beeinträchtigungen in den Steh- und Gehversuchen auf.

Die Autoren führen die langsamere, aber genauere Bewegungssteuerung der Hände auf eine Adaptation der Patienten an die motorischen Beeinträchtigungen unter Alkoholintoxikation und an die motorischen Beeinträchtigungen aufgrund der Kleinhirnatrophie bei fortschreitender Alkoholabhängigkeit zurück. Die Patienten würden während der Alkoholerkrankung lernen, nicht motorisch auffällig zu sein. Aufgrund der Kleinhirnatrophie würde bei den alkoholabhängigen Patienten an die Stelle der automatisierten Bewegungssteuerung kontrollierte und geplante Bewegungssteuerung treten, die langsamere, aber genauere Bewegungen ermögliche.

Adaptation der Bewegungssteuerung an Intoxikation und chronische Defizite

5.3.6 Exekutivfunktionen

Exekutive Funktionen haben monitorierende und supervidierende Funktionen, die den Ablauf einfacher bzw. automatisierter kognitiver Funktionen unterstützen und ergänzen. Falls eine aktuelle Situation nicht durch den Einsatz automatisierter kognitiver Routinen bewältigt werden kann, müssen bewusst geplante Handlungen entworfen und durchgeführt werden. Im Modell von Norman und Shallice (Norman & Shallice, 1980; Shallice, 1982) werden die automatisierten kognitiven Funktionen dem Contention Scheduling zugeordnet. Alltägliche Routinetätigkeiten können in diesem Modus unter reduzierter Anstrengung und Aufmerksamkeitsleistung abgearbeitet werden. Bei neuartigen und nicht zu erwartenden Aufgabenstellungen muss jedoch flexibel und adaptiv reagiert werden. Hier setzt das flexible aufmerksamkeitsgesteuerte System (Supervisory Attentional System; SAS) ein, das die situativen Bedingungen analysiert und individuell auf die aktuelle Situation zugeschnittene Handlungspläne entwirft. Die flexiblen Handlungspläne müssen dann kontrolliert abgearbeitet werden. Dieses System ist ressourcenintensiver und langsamer als der Einsatz alter überlernter kognitiver Schemata. Um die flexiblen Handlungen planen und auf die aktuelle Situation zuschneiden zu können, müssen Informationen über die Situation und die geplanten Handlungsschritte in einem Arbeitsgedächtnis zur Verfügung stehen, das felixible Operationen mit den Infor-

Überwachung und Steuerung einfacher automatisierter Funktionen; Bewältigung neuartiger und nicht zu erwartender Anforderungen

mationen und ständige Veränderungen der Informationen zulässt (Baddeley, 1992).

Alkoholabhängige Patienten zeigen vor allem in Aufgaben Defizite, die über eine automatisierte Bearbeitung hinausgehen

In den vorangehenden Abschnitten zu den Intelligenz-, Gedächtnis- und Aufmerksamkeitsleistungen war feststellbar, dass alkoholabhängige Patienten vor allem in solchen Tests Defizite aufweisen, deren Bearbeitung und Lösung über die Anwendung kognitiver Automatismen hinausgehen und deshalb Anforderungen an exekutive Funktionen stellen.

Demgemäß und aufgrund der deutlichen Hinweise aus den Bildgebungsstudien hinsichtlich frontaler Beeinträchtigungen rücken die exekutiven Funktionen alkoholabhängiger Patienten zunehmend in den Fokus des wissenschaftlichen Interesses. Wie in den anderen neuropsychologischen Domänen ergaben sich jedoch auch hier heterogene Befunde.

Mit dem Wisconsin Card Sorting Test (WCST; Heaton, 1981), dem Category Test aus der Halstead-Reitan-Batterie und dem TMT-B ergaben sich in der Regel Defizite für die alkoholabhängigen Patienten. In Aufgaben zur verbalen Flüssigkeit, zur Überprüfung des Arbeitsgedächtnisses und in Inhibitionsaufgaben wie zum Beispiel dem Farb-Wort-Interferenztest zeigten sich jedoch auch Befunde unbeeinträchtigter Leistungen.

Hinsichtlich des Arbeitsgedächtnisses ist zu bemerken, dass alkoholabhängige Patienten einfache Zahlenspannen, Aufgaben zum Delayed Matching-to-sample und Delayed Non-matching-to-sample unproblematisch bewältigen können (Oscar-Berman et al., 1982).

Für die Überprüfung der dynamischen Funktionen des Arbeitsspeichers werden z. B. Aufgaben eingesetzt, die den Abgleich aktueller Stimuli mit dem jeweils n Darbietungen zurück liegenden Stimulus erfordern. Bei Two-back-Aufgaben muss der Stimulus mit dem jeweils vorletzten Stimulus verglichen werden. In diesen Arbeitsgedächtnistests werden eher leichte Beeinträchtigungen berichtet, wobei dies in Abhängigkeit von der Schwierigkeit der Aufgabe bzw. der Arbeitspeicherlast (Working Memory Load) zu liegen scheint (Bechara & Martin, 2004; Rapeli et al., 1997).

Kein Einfluss durch Testung unter höherer Interferenz

Hildebrandt et al. (2004) konnten zeigen, dass die Patienten selbst bei gesteigerten Anforderungen an das Arbeitsgedächtnis unter Interferenzbedingungen nicht schlechter waren als gesunde Kontrollpersonen. Die alkoholabhängigen Patienten konnten eine Two-back-Arbeitsgedächtnisaufgabe vergleichbar gut lösen wie die Kontrollpersonen. Sie konnten das unabhängig davon, ob sich während der Aufgaben nur die Zielnummern in der relevanten Konstellation (Two-back) wiederholten oder sich weitere Nummern in kritischer und nicht-kritischer Position wiederholten und somit eine höhere Interferenzgefahr bestand.

Noel et al. (2001) untersuchten alkoholabhängige Patienten nach Entgiftung mit einer umfangreichen Testbatterie zu den exekutiven Funktionen.

44

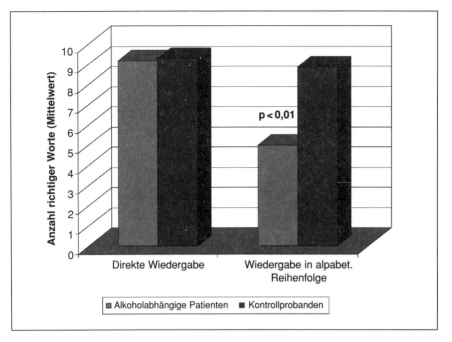

Abbildung 3:

Vergleich der Leistungen alkoholabhängiger Patienten und gesunder Kontrollprobanden in der direkten Wiedergabe von Wortlisten und der Wiedergabe der Wortlisten in alphabetischer Reihenfolge in der Alpha-Span-Task (Noel et al., 2001).

Die Autoren fanden mit einer Aufgabe zur alphabetisch geordneten Wiedergabe von Wortlisten (Alpha-Span-Task) ein deutliches Defizit der Patienten (siehe Abbildung 3). In diesem Test wird die Leistung in der einfachen Wiedergabe von Wortlisten mit der Leistung verglichen, wenn die Wortlisten in alphabetischer Reihenfolge reproduziert werden müssen. Nur in der komplexen Aufgabenstellung, die sowohl Anforderungen an die Speicherung und die Bearbeitung der Informationen stellte, waren die Patienten beeinträchtigt.

Deutliche Defizite bei multiplen simultanen Anforderungen

Im Farb-Wort-Interferenztest zeigten sich die Patienten nur in der Flexibilitätsbedingung signifikant schlechter. In der klassischen Interferenzbedingung, in der die Farben der in inkongruenten Farben gedruckten Wörter benannt werden müssen, ergaben sich keine Unterschiede zwischen Patienten und Kontrollprobanden. In der Flexibilitätsbedingung gilt neben dieser Regel zusätzlich die zweite Regel, dass unterstrichene Wörter nur gelesen werden sollen. Diese Anforderung an die flexible Anwendung der Regeln führte zu Defiziten bei den Patienten.

Deutliche Defizite bei Koordinierung mehrerer wechselnder Bearbeitungsregeln

Ähnlich war der Befund für die verbale Flüssigkeit. Die Patienten waren signifikant schlechter, wenn sie Wörter für zwei alternative Kategorien

45

(z. B. Anfangsbuchstabe plus Kleidungsstücke) produzieren sollten. In den Einzelbedingungen für die phonologische und die semantische Wortflüssigkeit, die auch Anforderungen an die Inhibition stellen, zeigten sich keine signifikanten Unterschiede.

Deutliche Defizite in der Inhibition überlernter automatischer Reaktionsmuster

Im Trail Making Test waren die Patienten in der komplexeren Form B (TMT-B) mit 110,8 Sekunden (SD=81,3 Sek.) deutlich schlechter als die gesunden Kontrollpersonen mit durchschnittlich 68,3 Sekunden (SD=6,2 Sek.). Im TMT-A unterschieden sich die Patienten (40,3 ± 18,4 Sek.) dagegen nicht signifikant von den Kontrollen (35,5 ± 7,9 Sek.; siehe auch Tab. 8 unter Kapitel 5.3.4).

Schließlich waren die Patienten in der Hayling Task deutlich langsamer, wenn sie unpassende Worte nennen sollten (Inhibitionsaufgabe). In diesem Test werden unvollständige Sätze vorgegeben, die entweder mit einem sinnvollen Wort ergänzt werden sollen oder auf die mit einem unpassenden Wort reagiert werden soll. Im Beispielsatz: „Der Kapitän blieb auf dem sinkenden …" stellt „Schiff" eine sinnvolle Wortnennung dar, semantisch ähnlich sind „Soldat" oder „Zug" und unpassend ist zum Beispiel „Blume". Bei sinnvollen Satzergänzungen, wenn also automatische Reaktionen ein-

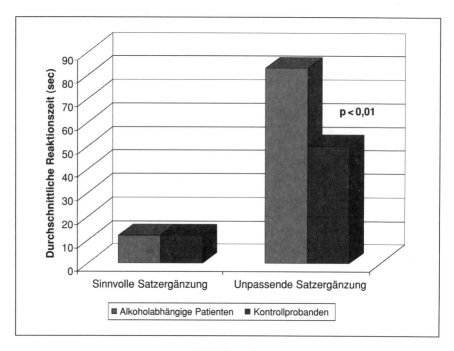

Abbildung 4:
Vergleich der Leistungen alkoholabhängiger Patienten und gesunder Kontrollprobanden in der Hayling Task: Vervollständigung vorgegebener Satzteile mit sinnvollen Wörtern oder unpassenden Wörtern (Noel et al., 2001).

gesetzt werden konnten, waren die Patienten genauso schnell wie die Kontrollprobanden (siehe Abbildung 4). Die Unterdrückung einer solchen automatischen Satzergänzung und die Nennung eines unpassenden Wortes fiel den Patienten deutlich schwerer als den Kontrollprobanden.

Die exekutive Komponenten der Risikowahl und Entscheidungsfindung wurde vor allem durch die Arbeitsgruppe um Bechara & Damasio (2002) untersucht. Die Autoren konnten zeigen, dass sich etwa 60 % einer Stichprobe von Patienten mit Substanzabhängigkeit in der Bearbeitung einer Glücksspielaufgabe (IOWA Gambling Task) wie Personen mit ventromedialen Frontalhirnläsionen verhalten. Sie treffen risikohafte Entscheidungen mit kurzfristig hohen Gewinnen und langfristig hohen Verlusten. Somit haben sie offenbar den Bezug zwischen Ereignis und Konsequenz nicht gelernt und sind tendenziell nicht in der Lage, auf kurzfristige Belohnungen zu verzichten, um langfristige Ziele zu erreichen. Weitreichende Untersuchungen zur Entscheidungsfindung bei Substanzabhängigen und anderen Erkrankungen sind erfolgt (Dunn et al., 2006). Leider gibt es jedoch nur wenige Untersuchungen zum Verhalten von Stichproben rein alkoholabhängiger Patienten in der Glücksspielaufgabe (IOWA Gambling Task) und ähnlichen Risikowahl-Spielaufgaben (Goudriaan et al., 2005; Hildebrandt et al., 2006). Insgesamt ist die Befundlage für Alkoholabhängige ohne weiteren Missbrauch von anderen Substanzen uneinheitlich. Während Hildebrandt et al. (2006) keine signifikanten Unterschiede zwischen Alkoholabhängigen und Kontrollpersonen finden konnten, berichtete die Arbeitsgruppe um Goudriaan et al. (2005) und Fein et al. (2004) von klaren Bevorzugungen risikohafter Entscheidungen Alkoholabhängiger.

Glücksspiel-Aufgaben: Inkonsistente Befunde zu Beeinträchtigungen in Risikowahl und Entscheidungsfindung

Insgesamt betrachtet wurde in diesem Kapitel deutlich, dass die Defizite alkoholabhängiger Patienten nicht durch eine verlangsamte oder schlechtere Anwendung automatischer Reaktionen oder Handlungsschemata verursacht werden, sondern dass vor allem die exekutiven Funktionen des übergeordneten aufmerksamkeitsgesteuerten Systems (Supervisory Attentional Systems) betroffen sind.

Mit Ausnahme der großen Defizite in der motorischen Steuerung der Beine wurden die bedeutendsten Unterschiede zu gesunden Kontrollprobanden im Bereich der Exekutivfunktionen festgestellt. Diese Defizite werden bei multiplen simultanen Anforderungen beobachtet, wenn für die Bearbeitung der Tests mehrere sich abwechselnde Instruktionen beachtet werden mussten (Set-Shifting) und wenn alte und überlernte kognitive Automatismen inhibiert werden müssen.

Aufschlussreich ist die Untersuchung von Sullivan et al., (2000), die beispielhaft das ganze Spektrum der kognitiven Beeinträchtigungen inklusive der Motorik der alkoholabhängigen Patienten abbildete (siehe Abbildung 5).

Fragestellung

Möglichst vollständige Erfassung der neuropsychologischen Beeinträchtigungen bei alkoholabhängigen Patienten. Insbesondere wurden die Hypothesen „vorzeitig altes Gehirn" und „rechtsseitig lokalisierte Funktionseinschränkung" bei Alkoholabhängigen untersucht.

Stichproben

Alkoholabhängige Patienten (N = 71) nach dem Entzug (abstinent seit 32,5 ± 3,9 Tagen) und gesunde Kontrollprobanden (N = 67). Alle Probanden waren männlich, im Mittel etwa 44 Jahre alt. Der prämorbide IQ lag in beiden Gruppen über 105.

Neuropsychologische Untersuchung

Es wurden sechs Funktionsbereiche – nach Möglichkeit sowohl mit verbalen als auch mit nonverbalen Aufgaben – untersucht. Die Überprüfung der Steuerung der oberen Extremitäten wurde jeweils für rechts und links einzeln durchgeführt.

1. Exekutive Funktionen (z. B. Wisconsin Card Sorting Test; WCST)
2. Kurzzeitgedächtnis/Produktion (z. B. Brown-Peterson-Paradigma, Wort- und Designflüssigkeit)
3. Funktion der oberen Extremitäten (z. B. Griffstärke)

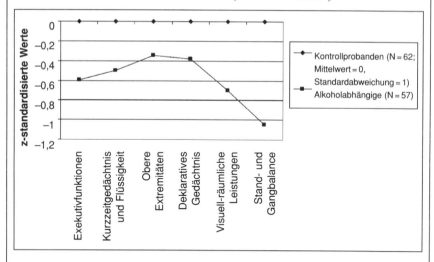

Abbildung 5:
Für die Darstellung des Leistungsprofils alkoholabhängiger Patienten wurden die Ergebnisse z-standardisiert. Für die Kontrollgruppe wurden die Mittelwerte in den sechs Ergebnisparametern gleich 0 und die Standardabweichung gleich 1 gesetzt. Dadurch entspricht ein z-Wert von –1 einer Leistung, die eine Standardabweichung unterhalb der Leistung der gesunden Kontrollgruppe liegt.

4. Deklaratives Gedächtnis (Wortliste, Logisches Gedächtnis, unmittelbare und verzögerte Wiedergabe von Wortlisten und Zeichnungen, Wiedererkennen)
5. Visuell-räumliche Leistungen (z. B. Rey-Osterrieth-Figur, Gollin Incomplete Pictures)
6. Stand- und Gangbalance (z. B. Ataxietest, Romberg-Stehversuch)

Zusammenfassung der wichtigsten Ergebnisse

1. Nach statistischer Berücksichtigung der Unterschiede in Alter und Vorbildung waren nach vierwöchiger Abstinenz im Bereich der kognitiven Funktionen nur die exekutiven Funktionen und die visuell-räumlichen Leistungen beeinträchtigt. Am deutlichsten war jedoch die Steuerung der unteren Extremitäten (Stand- und Gangbalance) betroffen.
2. Stand- und Gangbalance und einzelne psychomotorische Fähigkeiten sind stärker beeinträchtigt als rein kognitive Fähigkeiten. Nur die Leistungen in Stand- und Gangbalance korrlierten mit der Lebenszeitalkoholmenge und dem Alter. Die Hypothese „vorzeitig altes Gehirn" wurde nicht bestätigt.
3. Es zeigten sich keine größeren Defizite für rechtshemisphärische als für linkshemisphärische Funktionsbereiche.
4. Die Autoren legen nahe, dass die Muster der Defizite zwei weitreichend beeinträchtigten neuralen Systemen, einem cerebellär-pontin-präfrontalen System und einem präfrontal-parietalen kortiko-kortikalen System, zugeordnet werden könnten.

5.4 Theorien über die neuropsychologischen Defizite bei Alkoholabhängigen

Aufgrund der Heterogenität der Studienergebnisse wurde versucht, die Ergebnisvielfalt unter einer gemeinsamen Hypothese oder Theorie zu subsummieren. Die Theorie der Hemisphärenspezifität bzw. rechtshemisphärischer Defizite geht davon aus, dass die alkoholbedingten Schäden vor allem die rechte kortikale Hemisphäre betreffen und deswegen die Tests zum nonverbalen Denkvermögen und zur visuell-räumlichen Abstraktion größere Defizite aufzeigen als Tests mit verbalen Aufgaben (Bertera & Parsons, 1978; Miglioli et al., 1979). Als alternative Erklärung gilt, dass die nonverbalen Tests schwieriger und sensitiver für die milden Defizite der alkoholabhängigen Patienten sein könnten (Wegner, 1990). Ryan und Butters (1980) und Riege et al. (1984) konnten zeigen, dass bei ausreichend schwierigen Tests auch verbale Defizite auftreten. Wurden Tests verwandt, die direkt die Hemisphären-Lateralität überprüfen, wie z. B. Tests zum dichotischen Hören, wurden keine hemisphärenspezifischen

Keine Unterstützung für die Hypothese rechtshemisphärischer Defizite

49

Defizite gefunden (Ellis, 1990; Oscar-Berman & Weinstein, 1985). Die Hypothese des vorzeitigen Alterns liegt in zwei Varianten vor. Die erste beschreibt, dass Alkoholabusus den Alterungsprozess beschleunigen würde (Holden et al., 1988; Ryan & Butters, 1980). Methodisch müssten sich als Beleg für diese Hypothese zwei Haupteffekte zeigen. Alter und Alkoholismus würden parallele defizitäre Auswirkungen auf die Testleistungen haben. Für die zweite Variante wird eine Wechselwirkung angenommen, eine höhere Vulnerabilität des älteren Gehirns für die Auswirkungen des Alkoholismus (Ellis & Oscar-Berman, 1989). Statistisch müsste sich ein Interaktionseffekt Alter × Alkoholabusus zeigen.

Keine Unterstützung für die Hypothese vorzeitigen Alterns

Die Mehrzahl der Studien konnte keine Belege für die Hypothese des vorzeitigen Alterns finden. Noel et al. (2001) konnten die für ältere Menschen typische Verlangsamung der kognitiven Prozesse nicht feststellen. Brandt et al. (1983) beobachteten sowohl bei älteren Probanden als auch bei abstinenten Alkoholabhängigen Defizite des Langzeitgedächtnisses. Einen Interaktionseffekt konnten sie jedoch nicht nachweisen. Becker et al. (1983) verwendeten alterssensitive Tests der geteilten Aufmerksamkeit. Listen mit Gesichtern, Zahlen oder Wörtern als Stimuli mussten mit anderen Listen verglichen werden, in denen jeweils ein Item der Referenzliste fehlte (Missing Items Test). Dabei ergab sich, dass nicht alle alterssensitiven Tests auch für Alkoholabusus sensitiv waren. Knight und Longmore (1·994) schließen daraus, dass das Alter und die Alkoholabhängigkeit unabhängige defizitäre Auswirkungen auf die Leistungen haben.

Biologisch scheint es ein Kontinuum zunehmender Schäden und Atrophie zu geben. Klinisch und neuropsychologisch gibt es eine kategoriale Schwelle zum amnestischen Syndrom

Die Kontinuitätshypothese nach Ryback (1971) beschreibt, vor allem bei mnestischen Leistungen, zunehmende kognitive Defizite, ausgehend von milden Defiziten bei sozialem Trinken über Defizite bei vorliegender Alkoholabhängigkeit bis zu den gravierenden Defiziten bei einem persistierenden amnestischen Syndrom durch Alkoholabusus (Korsakow-Syndrom) und bei alkoholbedingter Demenz. Als Belege werden die Ergebnisse aus neuropathologischen Studien und aus bildgebenden Untersuchungen gewertet. Mit länger andauernder Alkoholabhängigkeit wurden größere Gewebeschäden und zunehmende Atrophie festgestellt. Während es biologisch ein Kontinuum zunehmender Pathologie durch Alkoholabusus zu geben scheint, zeigt sich klinisch und in den neuropsychologischen Befunden in der Regel jedoch ein großer Unterschied zwischen den milden und reversiblen Beeinträchtigungen der meisten alkoholabhängigen Patienten und den gravierenden Syndromen der persisitierenden alkoholinduzierten Amnesie und der alkoholinduzierten Demenz (Knight, 2001). In dieselbe Richtung weisen die mäßigen bis schlechten korrelativen Zusammenhänge zwischen den Ergebnissen der neuroradiologischen Untersuchungen mit MRT oder PET und den neuropsychologischen Testergebnissen (Oscar-Berman et al., 1997; Rosenbloom et al., 1995).

Die Theorie der generellen und diffusen Defizite (Grant, 1987; Knight & Longmore, 1994) muss zugunsten der Theorie der Frontalhirndefizite als überholt bezeichnet werden. Neben deutlichen Beeinträchtigungen des Kleinhirns und der assoziierten Defizite in der Stand- und Gangsicherheit belegen neuropathologische und neuroradiologische Untersuchungen eine Betonung der Beeinträchtigungen im Bereich des Frontalhirnes (Kril & Halliday, 1999; Kril et al., 1997; Pfefferbaum & Rosenbloom, 1993). Ebenso wurden neuropsychologisch für die Exekutivfunktionen die größten *kognitiven* Defizite gemessen (Sullivan, Rosenbloom et al., 2000).

Die Theorie genereller und diffuser Defizite wird durch die Theorie der Frontalhirndefizite ersetzt

5.4.1 Alkoholbedingte Frontalhirndefizite im Rahmen weit verzweigter kompensatorischer kognitiver Netzwerke

Die Fokussierung auf das Frontalhirn und die exekutiven Funktionen bei der Beschreibung der Schäden und Beeinträchtigungen entspricht den dargestellten Studienergebnissen. Die Analyse der den kognitiven Beeinträchtigungen zugrunde liegenden morphologischen und funktionalen Systeme macht jedoch wieder eine Ausweitung der Betrachtung notwendig. Die exekutiven Funktionen sind zwar maßgeblich vom Frontalhirn gesteuert, dennoch liegt den komplexen exekutiven Leistungen auch unabhängig von den alkoholbedingten Störungen ein ausgedehntes Netzwerk kortikaler und subkortikaler Strukturen zugrunde (D'Esposito & Grossmann, 1998).

Folgerichtig zeichnet es sich auch für die kognitiven Beeinträchtigungen alkoholabhängiger Patienten ab, dass weit verzweigte kortikale Netzwerke involviert sind. Sullivan (2003) konnte in jüngster Vergangenheit ihre Auffassung von im Gehirn weit verzweigten, beeinträchtigten kognitiven Systemen untermauern. Sie fand anhand von MRT-Daten Korrelationsmuster zwischen kortikalen und sub-kortikalen Minderungen des Gehirnvolumens. Es korrelierten pontine Volumenminderungen mit Minderungen im Kleinhirn und unabhängig davon Volumenminderungen des Thalamus unmittelbar mit Minderungen im parietalen Kortex und im Kleinhirn, welche wiederum mit Volumenminderungen im parietalen, frontalen und präfrontalen Kortex einhergingen. Sullivan bringt diese Korrelationsmuster mit afferenten Bahnen zwischen dem präfrontalen Kortex, dem Pons und dem Kleinhirn sowie efferenten Verbindungen zwischen dem Kleinhirn, dem Thalamus und dem Parietalkortex in Verbindung. Sie vermutet gestörte fronto-kortiko-cerebelläre Funktionssysteme bei den alkoholabhängigen Patienten, die unterschiedliche kognitive Defizitmuster hervorrufen, je nachdem, welche Knotenpunkte des jeweiligen Systems besonders beeinträchtigt sind.

Weit verzweigte kognitive Netzwerke

Sullivan fand neben den aus morphologischen Gründen gleichzeitig betroffenen Regionen weitere signifikante Korrelationen mit den kognitiven Leistungen. Die anteriore Region des Kleinhirnwurms und motorische Leistungen korrelierten ebenso wie Bereiche des Kleinhirnwurms und thalamische Regionen mit den exekutiven Funktionen. Hier imponiert vor allem der Einschluss des Kleinhirns in Systeme, die kortikale und sogar exekutive Funktionen unterstützen.

Zusätzliche
Aktivierung
frontaler Areale
und Zuhilfe-
nahme von
Exekutiv-
funktionen

Mittels fMRT-Studien (funktionelle Magnetresonanztomografie) wurde schließlich wiederholt gezeigt, dass alkoholabhängige Patienten während der Bearbeitung kognitiver Aufgaben kortikale Areale aktivieren, die bei gesunden nicht aktiviert sind. Desmond et al. (2003) verwendeten die fMRT, um die Veränderungen im Hirnstoffwechsel während der Bearbeitung eines verbalen Arbeitsgedächtnistests sichtbar zu machen. Sie fanden trotz vergleichbarer Leistungen bei den Patienten eine größere Aktivierung im rechten frontalen Kortex und in der rechten Kleinhirnhemisphäre als bei gesunden Kontrollpersonen. Die alkoholabhängigen Patienten scheinen also mehr Kortexareale einschalten zu müssen, um eine vergleichbare Leistung wie gesunde Probanden erbringen zu können. Damit kann hypostasiert werden, dass die Patienten kompensatorisch mehr kortikale Ressourcen einsetzten, um drohende Leistungeinbussen auszugleichen. Entsprechende Ergebnisse fanden Parks et al. (2003) mit einer Finger-Klopf-Aufgabe (Finger Tapping). Die Teilnehmer hatten die Aufgabe, im fMRT-Scanner wiederholt während 40 Sekunden-Intervallen so schnell wie möglich mit dem Zeigefinger auf die Taste zu klopfen. Die alkoholabhängigen Patienten waren einerseits weniger leistungsfähig im Tapping, rekrutierten jedoch nicht etwa weniger sondern sogar mehr kortikale Aktivierung als die gesunden Kontrollpersonen, um die Leistung zu erbringen. Besonders die Tatsache, dass das Missverhältnis zwischen erbrachter Leistung und kortikaler Aktivierung bei der Testung mit der dominanten Hand deutlich stärker ausgeprägt war als mit der nicht-dominanten Hand weist darauf hin, dass die alkoholabhängigen Patienten einen Effizienzverlust hinnehmen müssen. Die gut trainierte Steuerung der dominanten Hand läuft bei gesunden mit relativ wenig kortikaler Aktivierung ab – eine Effizienz, die die alkoholabhängigen Patienten nicht erreichen.

DeRosa et al. (2004) beschrieben den kompensatorischen Einsatz des lateralen präfrontalen Kortex und des anterioren Cingulums, um der Anfälligkeit für proaktive Interferenz in einem Paar-Assoziations-Lernparadigma zu begegnen. Schließlich konnten Fama et al. (2004) für alkoholabhängige Patienten die zusätzliche Beteiligung exekutiver Funktionen an der Bearbeitung visuell-räumlicher Aufgaben darstellen.

5.5 Einflussfaktoren auf die neuropsychologische Performanz: Abstinenzdauer, Trinkmengen, Geschlecht

Die Abstinenzdauer vor der neuropsychologischen Untersuchung hat einen großen Einfluss auf die Testergebnisse. Knight und Longmore (1994) beschreiben, dass es beträchtliche empirische Evidenz für Erholungseffekte gäbe. Sie führen die Studien von Clairborn und Greene (1981), Eckardt et al. (1980) und Hester et al. (1980) an, die in der ersten Abstinenzwoche schlechtere Testergebnisse bei den Patienten feststellten als in der Erhebung einen Monat später. Die Gründe für die anfänglichen Defizite sind nach Knight und Longmore in den physiologischen Veränderungen während und nach dem Entzug zu sehen. Sie nehmen jedoch auch länger bestehende kognitive Defizite an, die sich erst unter weiter fortschreitender Abstinenz normalisieren würden. Um Erholungseffekte von Trainingseffekten methodisch zu trennen, müssen mehrere vergleichbare Gruppen zu unterschiedlichen Messzeitpunkten nach Abstinenzbeginn getestet werden. Sharp et al. (1977) untersuchten eine Patientengruppe fünf Tage nach Abstinenzbeginn, eine vergleichbare Gruppe 15 Tage nach Abstinenzbeginn und eine dritte entsprechende Gruppe nach 25 Abstinenztagen. Sie konnten belegen, dass das verbale Lernvermögen bereits nach 10 bis 14 Tagen wieder ein normales Niveau erreicht hatte. Goldman (1987) kam aufgrund solcher Studien zu dem Schluss, dass viele verbale Fähigkeiten nach der Entgiftung unbeeinträchtigt seien. Aufgaben, die neue Stimuli beinhalten oder eine Adaptation an neue Situationen verlangen, erbrachten dagegen Befunde über bis zu fünf Monate nach der Entgiftung persistierende Defizite. Für eine deutsche Stichprobe konnte Mann (1999) nach einem Intervall von fünf Wochen Erholungseffekte für verbale Aufgaben, räumliches Vorstellungsvermögen und den TMT-B nachweisen. Bei der Erholung nach der Entgiftungsbehandlung ist auch das Alter der Patienten wichtig. Untersuchungen mit Patienten über 40 Jahre zeigten häufiger als jüngere Patienten Anzeichen anhaltender Beeinträchtigung. Brandt et al. (1983) konnten jedoch auch für längere Zeiträume (drei bis fünf Jahre) Erholungseffekte bis zum Normalbereich aufzeigen. Ebenso berichtete Parsons (1998) von langfristigen Erholungseffekten.

Große Effekte der Abstinenzdauer

Aufgrund der positiven Befunde zur Erholungsfähigkeit der Patienten unter fortschreitender Abstinenz beschrieb Grant (1987) die kognitiven Defizite alkoholabhängiger Patienten als zwischenzeitliche organische psychische Störung („intermediate duration organic mental disorder").

„Intermediate duration organic mental disorder"

Für die neuropsychologische Untersuchung alkoholabhängiger Patienten ist damit die Abstinenzdauer von zentraler Bedeutung. Während und kurz nach der Entgiftung finden sich deutliche kognitive Defizite. Nach Abklingen der Entzügigkeit und nach angemessener Auswaschphase der dämpfenden Entgiftungs-Medikamente zeigen sich moderate Defizite, die sich nach drei bis sechs Monaten in den unteren Normalbereich verbessern (siehe Abbildung 6).

Der Einfluss der Abstinenzdauer zum Zeitpunkt der neuropsychologischen Untersuchung ist zentral für die Interpretation der Ergebnisse

Svanum und Schladenhauffen (1986) untersuchten alkoholabhängige Patienten zur Feststellung des Einflusses des aktuellen und des Lebenszeitkonsums auf die kognitive Performanz nach Entgiftung und vierwöchiger Therapie. Die Testung fand in der letzten Woche des Aufenthaltes statt,

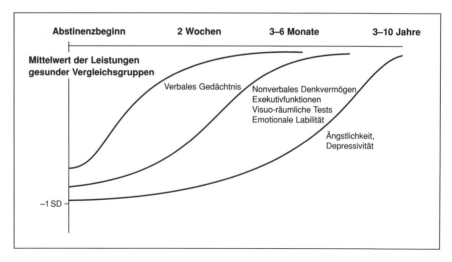

Abbildung 6:

Die Erholung alkoholbedingter Beeinträchtigungen unter fortgesetzter Abstinenz. Die Patienten starten nach Abstinenzbeginn bei etwa einer Standardabweichung (−1 SD) unterhalb des Mittelwertes der gesunden Probanden (De Soto et al., 1989; Mann et al., 1999; Sharp et al., 1977).

Der Einfluss der aktuellen und der Lebenszeittrinkmenge

also nach ca. vier bis fünf Wochen Abstinenz. Die Autoren konnten einen signifikanten Zusammenhang der sensitiven Tests der Halstead-Reitan-Batterie mit der Lebenszeittrinkmenge nachweisen. Für die aktuelle Trinkmenge vor der Aufnahme der Behandlung wurden jedoch keine Zusammenhänge gefunden. Horner et al. (1999) konnten bei alkoholabhängigen Patienten nach mindestens vier Abstinenztagen dagegen signifikante Korrelationen der Leistungen mit der aktuellen Trinkmenge feststellen. Je mehr kurz vor der Entgiftung konsumiert worden war, desto schlechter war die Testleistung. Hier wurde dagegen für die Lebenszeittrinkmenge kein signifikanter Zusammenhang nachgewiesen. Ähnliche Ergebnisse berichten Beatty et al. (2000). Diese Arbeitsgruppe griff eine Stellungnahme von Eckardt et al. (1998) auf, kognitive Defizite seien nach 10-jähriger Alkoholabhängigkeit sicher feststellbar. Beatty et al. konnten jedoch keinen Effekt jenseits der Mindestschwelle von 10 Jahren Abhängigkeit feststellen. Ferner fanden sie keinen Zusammenhang der Defizite mit der Dauer des Alkoholkonsums in Jahren (Chronizität). Übereinstimmend mit Horner

Der Einfluss der Lebenszeittrinkmenge scheint sich durch die zwischenzeitlichen abstinenten Erholungsphasen zu verlieren

et al. konnten sie jedoch für die aktuelle Trinkmenge vor der Erhebung (letzte sechs Monate) einen signifikanten Zusammenhang mit den kognitiven Parametern finden. Beatty et al. führen die inkonsistenten Befunde auf die mäßige Reliabilität von Trinkmengeninterviews zurück. Insbesondere die Erhebung lange zurückliegenden Konsums sei schwierig. Betrachtet man die Ergebnisse im Rahmen der Erholungsfähigkeit der Struktur und Funktion des Gehirns mit fortschreitender Abstinenz, scheinen jedoch

54

die abstinenten Phasen der alkoholabhängigen Patienten den Zusammenhang mit der Lebenszeittrinkgeschichte zu unterbrechen.

In einer frühen Studie zu den unterschiedlichen Auswirkungen der Alkoholabhängigkeit auf die kognitive Leistungsfähigkeit von Männern und Frauen fand Acker (1986) eine größere Vulnerabilität der Frauen für die leistungsmindernden Effekte des Alkohols. Obwohl die alkoholabhängigen Männer schwerere Trinkvorgeschichten aufgewiesen hatten, waren die alkoholabhängigen Frauen schlechter in den Tests der unmittelbaren Wiedergabe (Merkspanne) und der Psychomotorik (visuell-motorische Informationsverarbeitung). Glenn und Parsons (1992) konnten keinen signifikanten Geschlechtseffekt in der neuropsychologischen Performanz alkoholabhängiger Patienten feststellen und schlussfolgerten, dass männliche und weibliche alkoholabhängige Patienten vergleichbare kognitive Defizite aufweisen würden. Die Untersuchungen von Nixon und Glenn (1995) weisen dagegen auf einen schnelleren kognitiven Abbau bei alkoholabhängigen Frauen hin. Die untersuchten alkoholabhängigen Frauen zeigten vergleichbare Defizite in den neuropsychologischen Leistungstests wie die alkoholabhängigen Männer. Die Frauen hatten jedoch signifikant kürzere Trinkvorgeschichten als die Männer. Auch ein aktueller Überblicksartikel bestätigt diese Befunde (Nolen-Hoeksema, 2004). Frauen tränken zwar durchschnittlich weniger als Männer und erlitten in der Folge auch weniger alkoholbedingte Störungen oder Symptome. Für alkoholabhängige Frauen gelte jedoch, dass sie größere kognitive und motorische Defizite als die Männer davontrügen.

> **Alkoholabhängige Frauen scheinen schneller von den kognitiven Defiziten betroffen zu sein**

Dieser Zusammenhang der gleich großen oder größeren Defizite bei gleicher oder gar geringerer Abhängigkeits- und Trinkdauer wird auch als Teleskop-Effekt der kognitiven Beeinträchtigung bei alkoholabhängigen Frauen bezeichnet. Glenn und Parsons (1992) fanden überdies bei den alkoholabhängigen Frauen eine größere affektive Symptomatologie und häufiger komorbide psychiatrische Diagnosen.

5.6 Auswirkungen und Folgen: Klinische Bedeutung der moderaten neuropsychologischen Defizite

In theoretischen Modellen (Giancola & Moss, 1998) werden die exekutiven Defizite als Risikofaktor für die Entwicklung und Aufrechterhaltung des abhängigen Verhaltens bzw. als möglicher Grund für die gescheiterte Verhaltenssteuerung angesehen. Noel et al. (2001) vergleichen die Leistungen der Alkoholabhängigen mit denen frontalhirngeschädigter Patienten. Sie beziehen die neuropsychologischen Defizite auf das Modell von Tiffany (1990), das die Rückfälle der alkoholabhängigen Patienten mit der Unfähigkeit der Patienten erklärt, das langjährig antrainierte und automatisierte

> **Theoretische Modelle: Defizitäre Exekutivfunktionen begünstigen das abhängige Verhalten**

Alkoholkonsumptionsverhalten in kritischen Situationen zu unterbrechen und zu kontrollieren. Ein ähnliches Modell beschreiben Giancola und Moss (1998). Sie ziehen die Störung des frontostriatalen Systems als ätiologischen und aufrechterhaltenden Faktor der Alkoholabhängigkeit heran und beschreiben ein stereotypes Alkoholkonsummuster, das aufgrund der Schädigungen des Frontalhirnes nicht ausreichend kontrolliert werden könne. Das Inhibitionsdefizit bei ungestörter Arbeitsgedächtnisleistung stellten auch Brokate et al. (2003) an einer deutschen Stichprobe fest. Die Ergebnisse der Arbeitsgruppe Bechara et al. (2001) geben Hinweise, dass alkoholabhängige Patienten in einer komplexen Entscheidungssituation schlechter als gesunde Kontrollpersonen erfolgreiche Strategien entdecken und befolgen können, um von kurzfristig sehr lukrativen aber hoch riskanten Aktionen abzulassen und sich den langfristig erfolgreichen Reaktionen zuzuwenden. Die Autoren sehen eine Verbindung zu dem Verhalten der Abhängigen, insofern als kurzfristige Belohnungen (Konsum) den langfristigen Belohnungen (soziale Beziehungen, Erhaltung des Arbeitsplatzes) vorgezogen werden.

Keine direkten Effekte auf den Therapieerfolg; aber mittelbare Auswirkungen über den beruflichen Status und emotionale Labilität

In empirischen Studien finden sich in der Regel keine direkten Korrelationen zwischen den moderaten neuropsychologischen Defiziten und dem Fortgang der Erkrankung oder den Therapieergebnissen. Der Zusammenhang ist im allgemeinen schwach (Bates et al., 2002). Dennoch zeigen sich bedeutsame Auswirkungen über vermittelnde Variablen und für Untergruppen der Patienten. So konnte in einer Studie kein Zusammenhang zwischen den Exekutivfunktionen (gemessen mit Behavioral Assessment of the Dysexecutive Syndrome, BADS) und dem Trinkverhalten in der Katamnese aufgezeigt werden. Die BADS-Performanz war jedoch ein signifikanter Prädiktor für den beruflichen Status der Patienten (Moriyama et al., 2002) und hatte dadurch mittelbar Auswirkungen auf die Chancen, abstinent zu bleiben. Vergleichbar zu diesen Befunden waren die Einschränkungen des nonverbalen Denkvermögens in der Studie von Zinn et al. (2004) mit erhöhten Schwierigkeiten verknüpft, die berufliche Anstellung zu behalten.

Die moderaten exekutiven Defizite werden häufig von subjektiven Beschwerden über Probleme mit dem Denken und dem Gedächtnis begleitet. Sie gehen mit einem höheren Frustrationsniveau, weniger Geduld und Anzeichen emotionalen Stresses wie Ängstlichkeit und Depressivität einher (Johnson-Greene et al., 2002; Zinn et al., 2004). Es zeigen sich also auch auf subklinischer Ebene Hinweise auf Einschränkungen der Gefühlsverarbeitung und Verhaltenssteuerung. Das ist für die Therapie der Alkoholabhängigkeit von großer Bedeutung, da Frustration und Depressivität hohe Korrelationen mit den Rückfallraten aufweisen.

Einen indirekten Einfluss auf den Therapieerfolg bzw. den Fortgang der Erkrankung scheint auch der Aufmerksamkeitsbias für alkoholbezogene Wörter oder Reize (cues) zu haben. Die Verwendung von Wörtern aus dem semantischen Feld „Alkohol" führt im Farb-Wort-Interferenztest dazu, dass alkoholabhängige Patienten die Schriftfarbe der inhaltlich alkoholbezogenen Wörter nur langsamer benennen können als gesunde Kontrollpersonen. Es konnte sogar gezeigt werden, dass Patienten mit einem großen „Alkohol-Stroop-Effekt", also einer deutlichen situationalen Minderung der Aufmerksamkeitssteuerung, ein schlechteres Therapieergebnis haben und häufiger Therapieabbrüche erleiden (Cox et al., 2002). In fMRT-Untersuchungen konnte gezeigt werden, dass die alkoholbezogenen Wörter zu signifikanten Aktivierungen in limbischen und frontalen Arealen führen und dass diese Aktivierungen mit erhöhtem Alkoholverlangen (craving) unter Exposition (cue-exposure) einhergehen. Die alkoholabhängigen Patienten werden also durch die alkoholassoziierten Reize in der Aufmerksamkeitssteuerung bzw. Steuerung der Informationsverarbeitung gestört und diese Störbarkeit ist mit hohem Suchtverlangen assoziiert.

Signifikanter Stroop-Effekt, hohes Suchtverlangen und schlechter Therapie-outcome

Die kognitiven Beeinträchtigungen scheinen sich auf die Wirksamkeit therapeutischer Settings auszuwirken. Die Untergruppe der kognitiv beeinträchtigten Patienten scheint eher von stationärer Behandlung und stützender Gruppentherapie zu profitieren, während die kognitiv unbeeinträchtigten Patienten besser mit ambulanter verhaltenstherapeutischer Behandlung zurechtkommen (Bates et al., 2002).

Auswirkungen auf die unterschiedliche Wirksamkeit therapeutischer Settings

5.7   Zusammenfassung und Ausblick

Im Überblick imponieren die Adaptationsleistungen und die Erholungsfähigkeit des Nervensystems. Bei nicht-abhängigen Probanden stellt sich bereits in der Trinksituation akute Gewöhnung ein. Bei komplexen Aufmerksamkeitsparadigmen zeigen sich Defizite bei ansteigender Intoxikation und akute Gewöhnungseffekte im Sinne reduzierter Beeinträchtigung unter abfallender Blutalkoholkonzentration. Überdies konnte selbst bei sozial durchschnittlichem Konsum eine überdauernde Toleranz gegenüber der Intoxikation gezeigt werden. Nach vier Wochen regelmäßigen Konsums wurden die Aufgaben unter Intoxikation mit durchschnittlicher Performanz durchgeführt.

Gewöhnung und Toleranz beim sozialen Trinken

Unterhalb der Schwelle zu den gravierenden Folgen des Alkoholkonsums herrscht durchgängig das Prinzip enormer Adaptationsleistungen vor

Bei alkoholabhängigen Patienten stellt sich in der Regel eine noch deutlich höhere Toleranz für die alkoholtoxischen Effekte ein. Die Patienten sind bei Promillewerten stand- und gangsicher, die für nicht-abhängige Menschen schon in den Bereich der klinischen Alkoholvergiftung reichen.

Enorme Toleranz bei Alkoholabhängigkeit

Nach Entgiftung und unter Abstinenz zeigt sich ein Defizitprofil alkoholabhängiger Patienten mit einem Schwerpunkt der Einbußen in exekutiven Leistungen. Den Patienten fallen vor allem die kognitive Flexibilität und die Inhibition überlernter automatisierter Reaktionen schwer.

In mehreren Untersuchungen ist es gelungen, auch für die Gruppe der entgifteten alkoholabhängigen Patienten Hinweise auf adaptive Anpassungen

Adaptations-
leistungen an
die kognitiven
Defizite bei
alkoholab-
hängigen
Patienten
nach Ent-
giftung
und weit verzweigte kompensatorische Netzwerke aufzuzeigen. Mit Hilfe der bildgebenden Verfahren wurde deutlich, dass die nahezu durchschnittliche Performanz alkoholabhängiger Patienten in vielen kognitiven Bereichen durch eine höhere Rekrutierung kortikaler Ressourcen erreicht wird. In der Regel werden zusätzliche exekutive Funktionen rekrutiert, um Ausfälle zu verhindern. Es liegt nahe, an dieser Stelle zu schlussfolgern, dass die etwas deutlicheren Defizite alkoholabhängiger Patienten in den exekutiven Funktionen sichtbar werden, weil hier keine exekutiven Kompensationsleistungen mehr zugeschaltet werden können.

Unter fortschreitender Abstinenz nach der Entgiftungsbehandlung erholen sich parallel die kognitiven Funktionen und die Atrophie. Es scheint auch bei der Erholung der kognitiven Funktionen Unterschiede zwischen den verschiedenen kognitiven Domänen zu geben. Zuerst verbessern sich die verbalen Leistungen, gefolgt vom nonverbalen Denkvermögen und den Exekutivfunktionen. Ob die Erholung der kognitiven Funktionen die Restitution von effektiven und automatisierten kognitiven Ressourcen beinhaltet und die zusätzliche kompensatorische Rekrutierung frontaler Kortexareale und exekutiver Funktionen damit wieder entfällt, muss in zukünftigen Studien geklärt werden.

Im nächsten Abschnitt werden die Konsequenzen des Alkoholkonsums aufgezeigt, wenn die enormen adaptiven Leistungen des zentralen Nervensystems überschritten sind. Klinisch stellen sich dann kategorial andere Störungsbilder mit amnestischen oder demenziellen Syndromen ein.

6 Neuropsychologische Befunde bei amnestischem Syndrom (Korsakow-Syndrom) und alkoholinduzierter Demenz

6.1 Beschreibung des Korsakow-Syndroms

Eine Sonderstellung bei der Betrachtung der gesundheitlichen Folgen von Alkoholabhängigkeit nimmt das amnestische Syndrom oder Korsakow-Syndrom ein. Im Vergleich zu den moderaten Beeinträchtigungen bei der großen Mehrheit der alkoholabhängigen Patienten leiden die vom Korsakow-Syndrom betroffenen Patienten unter gravierenden Gedächtnisstörungen, die eine eigenständige Lebensführung stark einschränken.

Das Korsakow-Syndrom wurde erstmalig etwa gleichzeitig von Korsakow (Korsakow, 1889) und Wernicke (1881) beschrieben und später von Victor et al. (1989) ausführlich untersucht. Personen mit diesem Syndrom wirken zunächst wenig auffällig, sie sind gut in der Lage, sich über alle Themen des Alltags zu unterhalten und verfügen in der Regel über ungestörte motorische Fähigkeiten, z. B. können sie Tischtennis spielen. Sogar komplexe Denkvorgänge, die z. B. zum Schachspiel benötigt werden, sind ihnen oft möglich. Beobachtet man jedoch die betreffenden Personen länger, so wird deutlich, dass sie immer wieder dieselben Fragen stellen und die gleichen Geschichten wiederholen. Auch können sie sich nicht mehr an die Person erinnern, mit der sie gerade gesprochen haben. Sie vergessen Tageszeiten und gerade durchgeführte Tätigkeiten. Relativ schnell wird klar, dass es sich um eine fundamentale Schädigung des Gedächtnisses handelt. Dabei schätzte bereits Korsakow die Schwere und Ausprägung des Syndroms als recht variabel ein, was sich durch aktuelle klinische Studien immer wieder bestätigen lässt.

6.2 Kritische Läsionen und Ätiologie des Korsakow-Syndroms

Wie in Kapitel 3.3 (Wernicke-Enzephalopathie) bereits dargestellt, entwickelt sich das Korsakow-Syndrom aus der akuten neurologischen Störung der Wernicke-Enzephalopathie. Die akuten Symptome der Bewusstseinsstörung, Apathie, Amnesie, Stand- und Gangataxie und die Augenmuskellähmungen werden durch die alkoholtoxischen Wirkungen und durch einen eklatanten Mangel an Vitamin B1 (Thiamin) ausgelöst. Unter intravenöser (oder zumindest parenteraler) Therapie mit Vitamin B1 bilden sich die akuten Symptome oft vollständig zurück. Bleibt die gravierende Gedächtnisstörung bestehen, hat sich ein persistierendes amnestisches Syndrom bzw. Korsakow-Syndrom entwickelt.

Die Gedächtnisproblematik legt nahe, dass Läsionen in Gehirnarealen vorliegen, die für die Speicherung und den Abruf von Informationen verantwortlich sind. Dementsprechend wurden in neuropathologischen Untersuchungen immer wieder Zerstörungen um den 3. Ventrikel gefunden, vorwiegend Läsionen der Mammilarkörper und des dorsomedialen Thalamuskernes (Kopelman, 1995; Victor et al., 1989). Im Sinne des Papez'schen Schaltkreises sind bei einer Schädigung der Mammilarkörper auch Funktionen anderer Gehirnareale mitbetroffen, so der Hippocampus und der anteriore Thalamuskern. Eine fronto-kortikale Beteiligung bei Korsakow-Syndrom wurde schon frühzeitig in Erwägung gezogen.

Unterbrechung des Papez'schen Kreises

Victor hat insbesondere die Atrophie und Verfärbung (Hämorrhagien, Einblutungen) der Mammilarkörper sowie die Läsionen des mediodorsalen Thalamuskerns für die schweren Gedächtnisstörungen verantwortlich gemacht. Neuere Untersuchungen gehen im Gegensatz dazu eher von einer Degeneration des anterioren Thalamuskerns aus (Caulo et al., 2005; Fell-

Degeneration der anterioren Thalamuskerne

giebel et al., 2004; Harding et al., 2000), die im Zusammenhang mit der schweren anterograden Amnesie stehen soll. Nicht zuletzt korreliert das Ausmaß der Thalamusläsion mit der Schwere der anterograden Amnesie (Visser et al., 1999).

Diencephale Amnesie und Beteiligung frontaler Areale

In der Gedächtnisforschung wurde daraufhin das Korsakow-Syndrom als paradigmatisch für eine diencephale Amnesie angesehen. Häufig wurde aber auch eine Atrophie des frontalen Kortex beim Korsakow-Syndrom gefunden (Moselhy et al., 2001; Reed et al., 2003). Neben Läsionen im diencephalen Bereich werden dementsprechend auch immer wieder frontale Dysfunktionen beim Korsakow-Syndrom angenommen, die vor allem die schwere retrograde Amnesie erklären sollen. Insbesondere der hohe temporale Gradient der retrograden amnestischen Störung wurde als Resultat eines Defizits im Abruf von Informationen aufgefasst. So sind ältere Informationen noch gut gespeichert worden und damit gut zugänglich, während kürzlich erlebte Episoden weniger gut konsolidiert sind (Butters, 1984). Weiter wurde eine frühere Diskussion bezogen auf die Frage von spezifischen Hippocampusschädigungen durch neuere Untersuchungen mithilfe von PET und funktionaler Kernspintomografie fortgesetzt. Sullivan (2003) und Caulo et al. (2005) fanden Belege dafür, dass beim Korsakow-Syndrom ein erweitertes hippocampales System im Sinne einer hippocampal-anterior-thalamischen Achse geschädigt ist und somit eine Trennung von diencephaler Gedächtnisstörung bei Korsakow-Syndrom von einer temporalen Gedächtnisstörung anderer Ätiologie nicht unbedingt durchzuhalten ist.

Thiamindefizit

Es schließt sich die Frage nach der Verursachung der Läsionen an. In verschiedenen Untersuchungen wurde als Hauptursache das Thiamindefizit gesehen. Chronisch Alkoholabhängige trinken regelmäßig eine große Menge an Alkohol pro Tag und nehmen wochenlang kaum andere Nahrung zu sich. In der Folge entwickelt sich ein chronischer Vitamin B1-Mangel, der speziell solche Gehirnregionen zerstört, die für die Aufnahme, das Behalten und die Reproduktion von Informationen zuständig sind (Homewood & Bond, 1999; Lishman, 1990). McEntee und Crook (1993) beschrieben, dass sowohl die Absorption von Thiamin als auch die Aktivität von Stoffwechselenzymen durch Alkohol verhindert wird. Dementsprechend wird zusätzlich zur Mangelernährung die Aufnahme des Vitamins B1 durch diese Stoffwechseldefizite beeinträchtigt. Kopelman (1995) verfolgte eher die Theorie, dass genetische Aspekte für eine Abnormalität des Transketolase-Metabolismus verantwortlich sind und damit nur bestimmte Alkoholabhängige zu Korsakow-Amnestikern werden können.

Bereits in den achtziger Jahren wurde durch Butters und Cermak (1980) erkannt, dass die Kombination von Alkoholabhängigkeit und Thiamindefizit für eine länger persistierende Gedächtnisstörung relevant ist, wobei Personen ohne Alkoholabhängigkeit, z. B. unter Minderernährungsphasen, sich gut von der amnestischen Episode erholen können, die Alkoholab-

60

hängigen mit Korsakow-Syndrom jedoch nicht (Fellgiebel et al., 2004). Es wird diskutiert, ob die Symptome der Avitaminose bei den nicht alkoholabhängigen Patienten schneller entdeckt und folglich besser behandelt werden.

6.3   Gedächtnis

In der Gedächtnisforschung werden Gedächtnisprozesse in deklarative, also bewusste Prozesse über Fakten und Ereignisse und in nicht-deklarative eingeteilt. Nicht-deklaratives oder prozedurales Gedächtnis besteht aus verschiedenen Prozessen, die einer bewussten, auch verbalen Erinnerung nicht zugänglich sind. Sie werden in Zusammenhang mit verschiedenen Lernprozessen, wie implizitem Lernen und Konditionierung, gesehen.

Kennzeichnend für das Korsakow-Syndrom ist eine retrograde und anterograde Amnesie bei erhaltener Intelligenz. Somit sind diese Personen nicht in der Lage, neue Informationen gezielt aufzunehmen und langfristig zu behalten. Die Leistungseinschränkungen sind z. B. im California Verbal Learning Test (CVLT, Ilmberger, 1988; siehe Abbildung 7, Tabelle 7) deutlich ausgeprägt, so dass der neuropsychologische Befund als Grundlage für

Retrograde und anterograde Amnesie bei erhaltener Intelligenz

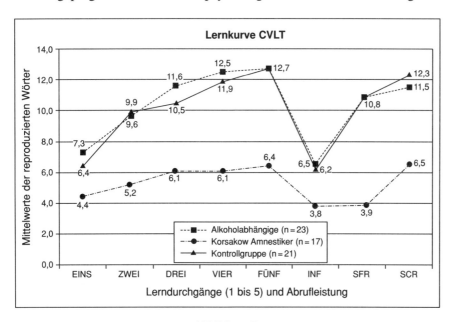

Abbildung 7:
Ergebnisse im California Verbal Learning Test (CVLT, Ilmberger, 1988) für Alkoholabhängige, Korsakow-Amnestiker und Kontrollpersonen nach Brokate et al., (2003), Lerndurchgänge eins bis fünf, Abruf der Interferenzliste (INF), kurzfristiger freier Abruf (SFR), kurzfristiger gestützter Abruf (SCR).

Tabelle 7:

Erhaltene und gestörte Funktionen bei Korsakow-Syndrom

Erhaltene Funktionen bei Korsakow-Syndrom	Beeinträchtigte Funktionen bei Korsakow-Syndrom
Verbale und Motorische Leistungen	
– Motorische Fähigkeiten – Sprechen und Schreiben – Wissen und Gebrauch von semantischen Assoziationen – Einfache und komplexe Reaktionszeit – Manuelle Fähigkeiten	– Wortflüssigkeit – Geteilte Aufmerksamkeit – Buchstabieren
Wahrnehmung	
– Kurzfristige Gedächtnisspanne – Rekognition von Objekten – Verstehen von logischen Zusammenhängen – Visuelle und auditive Vergleiche	– Behalten zweier konkurrierender Informationen – Sequenzielle Integration eines Inputs
Intelligenz	
– Gebrauch von Information, die gerade aufgenommen wurde – Formales Schlussfolgern – Wissensaufnahme	– Fähigkeit neue und ungebräuchliche Informationen aufzunehmen oder zu assimilieren – Konzeptentwicklung – Im Kopf behalten von widersprüchlichen Hypothesen
Lernen und Erinnern	
– Instruktionen (ohne Unterbrechung) durchführen	– Gedächtnis für Vergangenes (remote memory) – Autobiografisches Gedächtnis (zeitlicher Gradient) – Behalten und Wiedergeben verbaler und visueller Informationen, wenn mittels Reproduktion oder Wiedererkennen getestet wird – Anfälligkeit für semantische Interferenz – Kein „release of proactive interference" – Zerfall im Kurzzeitgedächtnis: Brown Peterson Paradigma – Räumliches Gedächtnis, Kontextsensitivität
Exekutive Funktionen	
	– Arbeitsgedächtnis – Handlungskontrolle und -Inhibition – Planen, Regeln erkennen und beibehalten – Entscheidungsfindung und Risikoabschätzung – Problemlösen in neuen Situationen

diagnostische Entscheidungen im Einzelfall herangezogen werden kann. Aus den Daten der Untersuchung von Brokate et al. (2003) lässt sich retrospektiv errechnen, dass Korsakow-Amnestiker mit einer Sensitivität von 100 % und einer Spezifität von 93,7 % bezogen auf die gelernten Wörter im Lerndurchgang fünf des CVLT unterschieden werden können, wobei Alkoholabhängige ohne amnestisches Syndrom mehr als 9 Wörter kurzfristig abrufen konnten. Bemerkenswert ist auch die hohe Interferenzanfälligkeit der Leistung der Korsakow-Amnestiker, die sich durch eine verminderte Zahl an Reproduktionen im freien Abruf nach Präsentation der Interferenzliste zeigt.

Die retrograde Gedächtnisstörung umfasst mit hohem zeitlichen Gradienten vor allem Ereignisse, die 10 Jahre oder mehr vom Untersuchungszeitpunkt zurückliegen. Dabei ist besonders auffällig, dass zwar einige Ereignisse erinnert werden können, aber der Zusammenhang des Erlebten und die zeitliche Einordnung fehlt. Manchmal ist es Korsakow-Amnestikern möglich, in so genannten Erinnerungsinseln oder Gedächtnisepisoden doch noch Ereignisse zu reproduzieren oder aber es werden Konfabulationen (Erfindungen) vorgenommen. Dabei zeichnen sich so genannte provozierte Konfabulationen bei Korsakow-Amnesie dadurch aus, dass sie im Gegensatz zu spontanen Konfabulationen von Demenzkranken einen plausiblen Sachverhalt darstellen, der tatsächlich jedoch phantasiert und zeitlich unpassend eingeordnet ist. Bei Demenzkranken lassen sich Konfabulationen leichter als völliges Phantasieprodukt enttarnen.

Die retrograde Gedächtnisstörung

Die Konfabulationsneigung

Der Grad der retrograden Amnesie für autobiografische Inhalte lässt sich gut mithilfe des „Autobiographical Memory Interview" (AMI; Kopelman et al., 1990) beurteilen, welches drei wichtige zeitliche Perioden zu den Themen „Biografische Ereignisse" und „Biografisches semantisches Wissen" enthält.

Die meisten zusammenfassenden Beschreibungen gehen von einer erhaltenen unbewussten Gedächtnisfunktion bzw. von erhaltenem prozeduralen, motorischen oder impliziten Lernen und „Priming" bei Korsakow-Patienten aus (Knight & Longmore, 1994; Kopelman, 1995; Rourke & Loberg, 1996). Bereits Cohen und Squire (1980) demonstrierten, dass Korsakow-Amnestiker in der Lage waren, Spiegelschrift genauso schnell und akkurat abzuschreiben wie die Kontrollpersonen. Allerdings zeigten sich Defizite beim späteren Abruf der Wörter, die abgezeichnet worden waren, und damit beim Transfer von Gelerntem. Ähnliche Resultate ergaben neuere Untersuchungen z. B. von Fama et al. (2006), bei denen Korsakow-Amnestiker in der Lage waren, fragmentierte Bilder trotz gewisser visuo-räumlicher Defizite und schwerer expliziter Gedächtnisstörungen implizit zu lernen. Dabei scheint bei diesen Aufgaben ein posteriores Gehirnsystem mit posterior parietalem Kortex und fusiformem Kortex aktiviert zu sein, das bei Korsakow-Syndrom frei von Läsionen ist (James et al., 2000) und nicht

Erhaltenes prozedurales und implizites Lernen und Priming

mit dem hippocampal-diencephalen Gedächtnissystem in Zusammenhang steht (Sullivan & Marsh, 2003).

Explizite Gedächtnis-störung Ausgesprochen viele Studien befassen sich mit der Frage der expliziten Gedächtnisstörung bei Korsakow-Syndrom, wobei die Informationsaufnahme, Enkodierung, Speicherung, Konsolidierung und die Reproduktion von Lernmaterial schwer beeinträchtigt sein sollen. Dabei wurde immer wieder methodisch kritisiert, dass die Stichproben meist nicht homogen sind und sich unter der Stichprobe der Korsakow-Amnestiker eine Reihe von Demenzkranken befinden, sowie Lernbehinderte, deren Intelligenzquotient nicht vom Gedächtnisquotienten abweicht.

Frühzeitig gab es eine Debatte darüber, ob das Korsakow-Syndrom vorwiegend eine Störung der Enkodierung und Konsolidierung von Informationen oder des Abrufs von langfristig gespeicherten Informationen darstellt. Vertreter der reinen *Enkodierungstheorie* (Freedman & Cermak, 1986) sahen vor allem ein Problem des Speicherns neuer Informationen bei Korsakow-Amnesie im Vordergrund. Mit der *Abruftheorie* konnte nicht nur die anterograde Gedächtnisstörung erklärt werden, sondern auch die retrograde Amnesie (s. o.). Butters (1984) schlug vor, dass ältere Gedächtnisinhalte von Korsakow-Amnestikern noch eher abrufbar seien als jüngere Gedächtnisinhalte, weil diese gut etabliert und konsolidiert seien und insbesondere vor dem Beginn des Abrufdefizits gespeichert wurden. Ebenso profitieren Korsakow-Amnestiker mehr als Kontrollpersonen von Hinweisreizen, die ihre Abrufleistung verbessern. Weiter wurde die Abruftheorie gestützt von der Annahme, dass bei Korsakow-Amnesie eine hohe Anfälligkeit für interferierende Information vorliegt. Insbesondere Huppert und Piercy (1976) vertraten die Theorie, dass das Gedächtnisdefizit mit der Unfähigkeit zusammenhänge, Kontextinformationen, wie zeitliche Ordnung, räumliche Ordnung, sowie die Quelle einer Information zu enkodieren und abzurufen.

Eine weitere Bestätigung der Abruftheorie lieferte die viel beachtete Studie von Squire (1982), die in neuerer Zeit Unterstützung durch Downes et al. (2002) und Postma et al. (2006) erhielt. Danach sind Korsakow-Amnestiker nicht in der Lage, Informationen semantisch zu enkodieren, sie profitieren nicht von einer Erholung aus proaktiver Interferenz („release of proactive interference") und können die zeitliche Reihenfolge von Informationen nicht beurteilen. Die Erholung aus proaktiver Interferenz bedeutet, dass in der Regel beim Lernen von semantisch ähnlichen Wortlisten die Lernleistung sinkt und wieder zum Ausgangspunkt zurückgeht, wenn ein neuer semantisch anders gelagerter Kontext beginnt. Diese bei anderen Personen mit Amnesie vorgefundene Fähigkeit, ist bei Korsakow-Amnestikern nicht zu beobachten.

Eine weitere Abgrenzung der Korsakow-Amnesie von einer hippocampalen Amnesie ergaben Befunde mit der Brown-Peterson-Aufgabe. Wie von Leng

und Parkin (1989) eindrücklich gezeigt wurde, korrelierte die Vergessens-
rate aus dem Kurzzeitgedächtnis mit dem Grad der frontalen Beeinträchtigung (siehe auch: Rourke & Grant, 1999). Auch neuere Untersuchungen aus
dem Bereich des Kontextgedächtnisses ergaben, dass Korsakow-Amnestiker erhebliche Probleme haben, zeitliche und räumliche Informationen zu
enkodieren (Holdstock et al., 1999; van Asselen et al., 2005).

Insgesamt lässt sich eine scharfe Trennung von Enkodierungs- und Abruftheorie in der Praxis mit Korsakow-Amnestikern jedoch nicht durchhalten.
Sie zeigen in der Tat deutliche Beeinträchtigungen im Einspeichern von
Material, was auf die Läsionen im diencephalen Bereich bzw. im Papez-
schen Schaltkreis zurückzuführen ist und haben oft ein zusätzliches Ab-
rufproblem, das möglicherweise aufgrund der frontalen Beeinträchtigungen besteht.

6.4   Exekutive Funktionen

Die aktuelle Befundlage beim Korsakow-Syndrom geht von deutlichen exekutiven Funktionsdefiziten aus, wobei die Ätiologie derselben noch fraglich
scheint. Im Einzelnen beschrieben Joyce und Robbins (1991) bereits in
frühen Untersuchungen schwere Beeinträchtigungen im Planen und in der
Wortflüssigkeit für Korsakow-Amnestiker und geringe Defizite für Alkoholabhängige ohne Amnesie. Wiegersma et al. (1991) beobachteten ungestörte exekutive Funktionen in einer Aufgabe zur Selbstgenerierung von
Handlungsalternativen bei Korsakow-Amnestikern und folgerten, dass das
frontale Defizit nicht generell vorkomme. Die Replikation der Studie durch
Pollux et al. (1995) zeigte jedoch, dass das erste Resultat ein Effekt der
schlechten Leistung der Kontrollgruppe war, so dass die Korsakow-Amnestiker bei Pollux et al. deutliche Defizite im Arbeitsgedächtnis und in
der Handlungsplanung hatten. Krabbendam et al. (2000) beschrieben dis-
proportionale Defizite von Korsakow-Patienten in exekutiven Funktionen,
besonders in der Inhibitionsleistung gegenüber Gesunden. Oscar-Berman
et al. (1982) berichteten ebenfalls über gestörte Leistungen bei Korsakow-
Amnestikern in Aufgaben, die „delayed response" und „delayed alternation" überprüften.

Weitere Studien bestätigten immer wieder die Beeinträchtigungen von Problemlösen, Planen, Arbeitsgedächtnis und Inhibition beim Korsakow-Syndrom (Brokate et al., 2003; Oscar-Berman et al., 2004). Dabei wurden jeweils Defizite im WCST (Wisconsin Card Sorting Test, Nelson, 1976) und
in Verfahren zur Wortflüssigkeit und Designflüssigkeit gefunden. Oscar-
Berman et al. (2004) berichteten ebenfalls über eine geringe Leistung der
Korsakow-Amnestiker im Trail Making Test (TMT, Reitan, 1992) gegenüber Kontrollpersonen und Alkoholabhängigen, während die Unterschiede
von Korsakow-Amnestikern und Alkoholabhängigen ohne Amnesie in

**Deutliche
exekutive
Defizite**

Inhibitionsaufgaben bei Brokate et al. (2003) nicht signifikant unterschiedlich waren.

Eine interessante Untersuchung von Brand et al. (2005) zeigte, dass Korsakow-Amnestiker ebenso Probleme haben, Schätzungen von Zeit, Raum, Gewicht, Häufigkeiten, Mengen und anderen Maßen vorzunehmen, und somit erhebliche basale exekutive Funktionsstörungen aufwiesen. Ebenso haben Korsakow-Amnestiker Probleme mit dem vorausschauenden Denken und sind nicht in der Lage, ein Risiko als solches in einer Entscheidungssituation zu erfassen (Brand et al., 2005).

Frühere Studien erklärten die Störung exekutiver Funktionen im Zusammenhang mit einer frontalen Atrophie, die durch den Alkoholkonsum verursacht worden ist (Parsons, 1998). Sowohl bei Alkoholabhängigen als auch bei Korsakow-Amnestikern wurden im Frontallappen Veränderungen der weißen und grauen Substanz in SPECT-Untersuchungen und neuropathologischen Untersuchungen nachgewiesen. Oscar-Berman und Parsons (s. o.) argumentierten, dass die Amnesie der Alkoholabhängigen mit Korsakow-Syndrom auf die Läsionen der Thalamuskerne und Mammilarkörper zurückzuführen sei, die durch das Ernährungsdefizit und den Mangel an Thiamin bedingt seien. Dagegen habe sich das präfrontale Defizit langsam in Kombination mit der Alkoholabhängigkeit entwickelt oder sei durch prämorbide cerebrale Dysfunktionen entstanden. Somit wird eine zusätzliche frontale Hirnatrophie alkoholtoxischer Genese angenommen, die beim Korsakowsyndrom exekutive Funktionsdefizite bewirke. In einer Untersuchung von Brokate et al. (2003) wurde hingegen eine andere Erklärung favorisiert: Exekutive Dysfunktionen von Korsakow-Amnestikern wurden nicht im Zusammenhang mit einer frontalen Atrophie, sondern als eine Störung der frontalen Netzwerke interpretiert: Die Läsionen der thalamischen Kerne führen via basolateraler und mesolimbischer Schleife zu einer funktionellen Störung des dorsolateralen und ventromedialen frontalen Kortex. Korrespondierend dazu konnten auch Kopelman et al. (2001) zeigen, dass Ergebnisse exekutiver Testverfahren bei Korsakow-Syndrom nicht mit den Messwerten frontaler Pathologie im PET korrelieren. Insgesamt wurden im Vergleich zu Alkoholabhängigen ohne amnestisches Syndrom auch disproportional schwere Beeinträchtigungen in exekutiven Funktionen gefunden, die in allen Bereichen auftraten und von daher keiner spezifischen Region des frontalen Kortex zuzuordnen waren (Brokate et al., 2003; Oscar-Berman et al., 2004).

6.5   Verlauf kognitiver Defizite und Remission

Stabilität der amnestischen Symptomatik

Während einige Untersuchungen zeigen konnten, dass bei Alkoholabhängigen mit Korsakow-Syndrom Remissionen in kognitiven Bereichen möglich sind, konnte insbesondere die Reproduktion von gelernten Gedächtnisinhalten nicht verbessert werden (z. B. Fellgiebel et al., 2003). Sofern die Korsakow-Amnestiker abstinent bleiben, findet sich auch keine weitere Zunahme der kognitiven Defizite, was aufgrund eines „Vergessens von Alkohol als Suchtmittel" im beschützten Rahmen mit hoher Wahrscheinlichkeit möglich ist. Der kognitive Status der amnestischen Patienten bleibt in der Regel langfristig stabil (Fujiwara et al., 2007).

6.6   Alkoholassoziierte Demenz

Führt eine langjährige Alkoholabhängigkeit zusätzlich zur amnestischen Störung weiter zu bedeutsamen Beeinträchtigungen der Exekutivfunktionen, gravierenden Symptomen der Aphasie, der Apraxie oder der Agnosie, wird nach ICD-10 (International Classification of Diseases, 1994) die Diagnose der alkoholinduzierten Demenz vergeben. Auch wird chronischer Alkoholkonsum als zweithäufigste Ursache einer Demenz nach der Alzheimer-Demenz angenommen (Eckardt & Martin, 1986; Nixon, 2006). Einige Autoren postulieren, dass die Alkoholaufnahme zu einer dauernden Hippocampus-Degeneration führt und somit der Zelltod in dieser Region gefördert wird (Hamelink et al., 2005). In die gleiche Richtung weisen Studien, die zeigen, dass Alkoholaufnahme die Neurogenese bei Ratten verhindert (He et al., 2005). Dennoch ist zu berücksichtigen, dass im Regelfall wenig darüber bekannt ist, ob sich zusätzlich zu einem alkoholbedingten Abbau eine vaskuläre oder Alzheimer-Demenz entwickelt hat.

Inkonsistente Befundlage

Obwohl Oslin et al. (1998) klare Kriterien für eine alkoholassoziierte Demenz erstellt haben, fehlte damals noch die empirische Fundierung und Beschreibung der neuropsychologischen Charakteristika. In einer viel beachteten Untersuchung zeigten Schmidt et al. (2005), dass die alkoholinduzierte Demenz einer vaskulären Demenz am ähnlichsten ist. Im Vergleich zu einer weiteren Gruppe von Alzheimer-Patienten und Kontrollpersonen gab es keinerlei signifikante Unterschiede bezogen auf die Gedächtnisleistung, die exekutiven Funktionen, handlungspraktische Funktionen und sprachliche Fähigkeiten bei vaskulär dementen und infolge Alkoholabhängigkeit dementer Patienten. Demgegenüber zeigten insbesondere die Alzheimer-Patienten mehr sprachliche Defizite, bei besser erhaltenen motorischen Fähigkeiten. Damit scheint es sich bei der alkoholassoziierten Demenz eher um eine subkortikale Beeinträchtigung, ohne ein spezifisches Gedächtnisdefizit zu handeln. Hulse et al. (2005) haben allerdings betont, dass es keine gesicherte Grundlage für die Alkoholabhängigkeit als ätiologischen Faktor der Demenz gibt, so dass keine „wahre Alkoholdemenz" zu identifizieren ist. Alkoholabhängige leiden möglicherweise häufiger per Zufall unter einer vaskulären Demenz oder Alzheimer-Demenz. Differenzierte Untersuchungen, ob Personen mit sogenannter „Alkoholdemenz" unter Abstinenzbedingungen einem degenerativen kognitiven Prozess ausgesetzt sind, liegen nicht vor.

Ähnlichkeit zur vaskulären Demenz und Unterschiede zur Alzheimer-Demenz

6.7   Marchiafava-Bignami-Syndrom

In der Regel
progressive und
irreversible
Defizite

Ein seltener Spezialfall einer alkoholinduzierten kognitiven Störung ist das Marchiafava-Bignami-Syndrom, das zum ersten Mal 1898 beschrieben wurde und initial nur im romanischen Sprachraum bei exzessiven Rotweintrinkern gefunden wurde.

Klinisch stehen eine vermehrte Reizbarkeit und Enthemmung im Vordergrund, in späteren Stadien kommt es zu Verwirrtheitszuständen, epileptischen Anfällen, zur Dysarthrie, zu einer degenerativen kognitiven Entwicklung bis hin zum Koma, somatischen, muskulären und neurologischen Symptomen. Neuropathologisch handelt es sich um eine extrapontine Myelinolyse, die sich vor allem durch Marklagerläsionen und zentrale Demyelinisierungen des Corpus Callosum äußert. Weiter wurden durch SPECT Veränderungen der zerebralen Durchblutung in den entsprechenden Hirnarealen gefunden. Ebenso lassen sich axonale Degenerationen der transkallosalen Fasern nachweisen (Arbelaez et al., 2003).

Die Ätiologie und Pathogenese des Marchiafava-Bignami-Syndroms ist bis heute nicht vollständig geklärt. Einerseits wird die Bedeutung einer indirekten alkoholinduzierten Stoffwechselstörung der Vitamin-B12-Resorption angenommen und eine demyelinisierende Wirkung durch Zyanide betont, andererseits wird auf eine Störung der Blut-Hirn-Schranke hingewiesen. Weiter scheint der Methanolgehalt des alkoholischen Getränks einen Einfluss zu haben, da nur bei Alkoholabhängigen, die Getränke mit hohem Methanolgehalt konsumieren, das Marchiafava-Bignami-Syndrom auftritt.

Das Krankheitsbild ist von der Symptomatik recht variabel, aber in der Entwicklung progressiv mit irreversiblen Defiziten. Im Verlauf der Erkrankung kann es ähnlich wie beim Korsakow-Syndrom unbehandelt schnell zum Exitus kommen. Mit einer Therapie durch Vitamin-B-Komplex und Folsäure scheint es jedoch zu einem gewissen Stillstand zu kommen.

In 15 % der Fälle tritt das Marchiafava-Bignami-Syndrom mit einer Wernicke-Enzephalopathie zusammen auf. In Deutschland wurden nach Angaben von Soyka (1995) fast keine Fälle beschrieben, jedoch berichteten Gabriel et al. (1999) anhand von drei Kasuistiken aus dem norddeutschen Raum ausführlich über die Erkrankung.

Für die Forschung ist das Syndrom vor allem aus neuroradiologischer Sicht interessant (Uchino et al., 2006). Neuropsychologische Studien liegen bisher nicht vor, was an der Seltenheit und Heterogenität des Syndroms liegen dürfte.

7 Neuropsychologische Diagnostik bei Alkoholabhängigkeit

7.1 Diagnostische Fragestellung

Die neuropsychologische Untersuchung alkoholabhängiger Patienten ist dringend indiziert, wenn eine akute Erkrankung an einer Wernicke-Enzephalopathie oder ein Delirium tremens in der aktuellen Vorgeschichte vorliegen und wenn sich deutliche Gedächtnis- oder Orientierungsstörungen zeigen. Dann liegt der Verdacht auf Entwicklung eines persistierenden amnestischen Syndroms vor (siehe Einsteckkarte „Ablaufschema Neuropsychologische Untersuchung"). **Verdacht auf gravierende Defizite**

Unterhalb der Schwelle des Verdachts auf diese gravierenden Beeinträchtigungen ist die neuropsychologische Untersuchung sinnvoll, wenn der Patient von kognitiven Beeinträchtigungen berichtet und die Rückkehr in Schule, Studium oder berufliche Beschäftigung ansteht. Die Untersuchung kann des Weiteren Aufschluss darüber geben, ob der Betroffene aktuell hinsichtlich Aufmerksamkeit und Lernvermögen ausreichend Kapazitäten für ein kognitiv-behaviorales oder anderweitiges psychotherapeutisches Behandlungsprogramm besitzt. **Pat. berichtet subjektive Defizite oder Verdacht auf moderate Defizite; Rückkehr in Schule, Studium, an den Arbeitsplatz**

Der neuropsychologische Untersuchungsbefund dient ferner der differenzialdiagnostischen Einordnung psychischer oder somatischer Störungen. Die differenzialdiagnostischen Fragestellungen beinhalten häufig die Abgrenzung alkoholbedingter kognitiver Defizite von kognitiven Defiziten bei depressiver Erkrankung, hepatischer Enzephalopathie und Schädel-Hirn-Trauma. Bei deutlicheren Symptomen geht es häufig um beginnende demenzielle Erkrankungen und in sehr seltenen Fällen sind Balkensymptome (Marchiafava-Bignami-Syndrom; siehe Kap. 6.7) zu beachten. **Differenzialdiagnostik und Verlaufsuntersuchungen**

Liegen zusätzlich zur Alkoholabhängigkeit Symptome der o. g. Erkrankungen und anamnestische Informationen über depressive Episoden, Lebererkrankungen oder Schädel-Hirn-Verletzungen vor, können sich die kognitiven Beeinträchtigungen sowohl querschnittlich bei einem Untersuchungszeitpunkt als auch längsschnittlich im Verlauf überlagern und verstärken. Die Verlaufsuntersuchungen geben Aufschluss über das Ausmaß und den Rückgang der Beeinträchtigungen und verbessern die Möglichkeiten, krankheitsspezifische Remissionsverläufe zu erkennen.

Die neuropsychologische Untersuchung kann den Patienten helfen, subjektiv empfundene kognitive Beeinträchtigungen einzuordnen. Viele alkoholabhängige Patienten haben Sorgen und manchmal ausgeprägte Angst, bereits an gravierenden kognitiven Defiziten zu leiden. Durch die neuropsychologische Untersuchung und die fachgerechte Aufklärung über den neuropsychologischen Status kann den Patienten gezielt geholfen werden. Gleichzeitig sollte auf die Risiken weiteren Alkoholkonsums eingegangen werden.

Ableitung neuropsychologischer Therapie und Verlaufsmessung

Schließlich können die neuropsychologischen Befunde als Basis für die Ableitung neuropsychologisch-therapeutischer Interventionen und zur Evaluation des Therapieerfolgs im Verlauf dienen. Hier sind restitutive Maßnahmen für die moderaten Defizite infolge Alkoholabhängigkeit und vor allem kompensatorische Maßnahmen beim amnestsichen Syndrom indiziert.

7.2 Die Voraussetzungen einer neuropsychologischen Untersuchung alkoholabhängiger Patienten

Differenzierte Anamnese

Vor der neuropsychologischen Untersuchung muss geklärt werden, ob eine Alkoholabhängigkeit oder schädlicher Gebrauch oder hoher sozialer Konsum vorliegt. Ist das nicht der Fall, ist nicht mit alkoholbedingten kognitiven Defiziten zu rechnen. Ferner ist zu beachten, ob der Patient vor der aktuellen Untersuchung eine Wernicke-Enzephalopathie oder andere neuropsychiatrische Folgen erlitten hat, ob komorbide Lebererkrankungen, Schädel-Hirn-Traumata oder zusätzliche andere psychische Störungen wie eine Depression vorliegen.

Ausschluss von Patienten, die akut intoxikiert sind

Für die Interpretierbarkeit der Untersuchungsergebnisse müssen die Schulbildung und der Ausbildungsstatus des Patienten vorliegen. Eine akute Alkoholintoxikation ist auszuschließen (im Zweifel durch einen Atemalkoholtest vor der Untersuchung). Bei akuter Alkoholintoxikation wird der Patient nicht untersucht und ein erneuter Termin muss angesetzt werden.

Untersuchungszeitpunkt nach Abstinenzbeginn oder Entgiftung

Es muss unbedingt die genaue Anzahl an Tagen seit Beginn der Alkoholabstinenz sowie nach Ende der medikamentösen Entgiftung bekannt sein. Wird der Patient zu früh nach Abstinenzbeginn untersucht, ist eine Konfundierung der neuropsychologischen Untersuchungsergebnisse durch kognitiv-motorische Entzugssymptome die Regel. Wurden nicht mindestens fünf bis sieben Tage nach Ende der medikamentösen Entgiftungsbehandlung abgewartet, wirken sich die sedierenden psychotropen Effekte der Medikation auf die kognitive Performanz des Patienten aus (siehe Einsteckkarte „Ablaufschema Neuropsychologische Untersuchung"). Die Erhebung dieser Daten wird durch einen strukturierten Anamnesebogen erheblich erleichtert (siehe Einsteckkarte „Neuropsychologie Anamnesebogen").

70

7.3 Quantifizierung des Alkoholkonsums und diagnostische Untersuchung bei Verdacht auf Alkoholmissbrauch und Alkoholabhängigkeit

Die Erhebung der Anamnese mit der Untersuchung und Einordnung erhöhten Alkoholkonsums und des Verdachts auf assoziierte Abhängigkeitssymptome ist sehr vom Kontext der Untersuchungssituation abhängig (Babor et al., 1990). Beim Hausarzt oder beim Betriebsarzt ist die Offenbarung von Alkoholproblemen oft schwierig oder gar tabuisiert.

Verschleierung der Alkoholprobleme

Vor allem erst kurzfristig Betroffene mit moderaten klinischen Symptomen nehmen die eigenen problematischen Konsummuster verzerrt wahr und verleugnen oder dissimulieren häufig den Konsum. Unter Kapitel 1.3.1 wurde dargestellt, dass die Erkenntnis, ein Alkoholproblem zu haben bzw. ein exzessiver Trinker zu sein, erst deutlich nach sozialen Sanktionen und selbst- und fremdgefährdenden Verhaltensweisen einsetzt (Schuckit et al., 1995). Die Wahrnehmung des Alkoholproblems ist in der Regel mit einer erheblichen Erschütterung des Selbstwertes verknüpft. Entsprechend schwierig kann es sein, valide Antworten auf Fragen zum Alkoholkonsum zu erhalten.

In späteren Stadien, wenn z. B. durch die stationäre Aufnahme und die Entgiftungsbehandlung die Möglichkeit der Dissimulation entfällt, wird in der Regel realistischer über den Alkoholkonsum berichtet. Manche Patienten neigen zu Beginn einer Behandlung sogar zur Aggravation bzw. Übertreibung der Symptome und Trinkmengen, um die Notwendigkeit der Behandlung zu begründen (Babor et al., 1990). Im weiteren Verlauf kann sich diese Neigung wieder umkehren, insbesondere wenn der Patient den Arzt oder Psychotherapeuten nicht enttäuschen will und weiterhin Abstinenz vorgibt, obwohl sich längst ein Rückfall ereignet hatte.

Besteht der Verdacht darauf, dass dissimuliert wird, kann die aufmerksame Beobachtung gemeinsam auftretender äußerlich sichtbarer Zeichen bzw. körperlicher Symptome hilfreich sein, die häufig mit Alkoholmissbrauch und Alkoholabhängigkeit einhergehen. Alkoholabhängige Personen zeichnen sich oft durch einen schlechten Allgemeinzustand aus. Vermehrte Schweißneigung, feuchte kühle Akren (Hände und Füße), reduzierter Appetit und Gewichtsabnahme, Schlafstörungen, Potenzstörungen, gerötete Gesichtshaut mit Teleangiektasien (bleibende Erweiterungen oberflächlicher Hautgefäße), Spider naevi (arterielle, spinnen- oder sternförmige kleine Gefäßneubildungen vor allem im Gesicht), Muskelatrophie vor allem der Wadenmuskulatur, Erbrechen, Durchfälle, Magenschleimhautentzündung sowie Magen- und Dünndarmgeschwüre können vorliegen (Lieb, 2005). Bei Beobachtung der Häufung solcher Symptome ist unbedingt zu berücksichtigen, dass die Symptome unspezifisch sind und immer auch durch andere Einflüsse wie Witterung (dauerhafte Hautrötung), bakterielle

Unspezifische äußerliche oder körperliche Zeichen und Symptome

Ursachen (Magengeschwüre), Depression (Schlaf- und Potenzstörungen, schlechter Allgemeinzustand) verursacht sein können.

Gleiches gilt für auffällige Laborparameter. Erhöhte Leberwerte wie Carbohydrate-Deficient-Transferrin (CDT), Gamma-Glutamyltransferase (Gamma-GT), Alanin-Aminotransferase (ALT, ALAT, auch Glutamat-Pyruvat-Transaminase, GPT), Aspartat-Aminotransferase (AST, ASAT, früher auch Glutamat-Oxalacetat-Transaminase, GOT) und das mittlere Erythrozyteneinzelvolumen (MCV = mean corpuscular volume) unterscheiden sich hoch signifikant in Gruppen gesunder Kontrollpersonen und alkoholabhängiger Patienten. Zu diagnostischen Zwecken erreichen sie jedoch nur unbefriedigende Werte für Sensitivität und Spezifität (siehe Tabelle 8). Auch für erhöhte Leberwerte kommen andere alternative Ursachen in Betracht wie zum Beispiel die Einnahme von Medikamenten, die sich auf den Leberstoffwechsel auswirken, oder genuine Erkrankungen der Leber, die nicht alkoholbedingt sind.

Deutlich bessere diagnostische Kennwerte erreichen Screening-Fragebogen (siehe Tabelle 8). Auch im Einsatz in Hausarzt-Praxen oder in nicht-suchtspezifischen Krankenhäusern erreichen kurze Fragebögen wie der Alcohol Use Disorders Identification Test (AUDIT; Soyka & Koller, 1999), der Lübecker Alkoholismus-Screening-Test (LAST; Rumpf et al., 2001), der Michigan Alcoholism Screening Test (MAST; Selzer, 1971) und der CAGE

Tabelle 8:

Diagnostische Kennwerte verschiedener Laborparameter und Screening-Fragebogen für das Vorliegen von Alkoholabhängigkeit

	Sensitivität (%)	Spezifität (%)
Laborparameter		
CDT	60,5	85,1
Gamma-GT	43,2	82,1
MCV	50,0	80,1
Screening-Fragebogen		
CAGE (> 1 Punkt)	83,3	85,6
MAST (≥ 5 Punkte)	89,3	85,8
AUDIT (≥ 8 Punkte)	78,0	94,0

Anmerkungen: CDT = Carbohydrate-Deficient-Transferrin; Gamma-GT = Gamma-Glutamyltransferase,; MCV = mittleres Erythrozyteneinzelvolumen; CAGE (siehe Text); MAST = Michigan Alcoholism Screening Test; AUDIT = Alcohol Use Disorders Identification Test (Wetterling, 1999)

(John, 1993) gute Sensitivität und Spezifität für die Identifizierung betroffener Patienten. Die Abkürzung wurde aus Schlagworten zu den vier Fragen des CAGE gebildet (Übersetzung nach John, 1993, S. 5 f.): (1) Haben sie einmal das Gefühl gehabt, dass Sie ihren Alkoholkonsum verringern sollten? (*C*ut down); (2) Hat jemand Sie durch Kritisieren ihres Trinkens ärgerlich gemacht? (*A*nnoyed); (3) Haben Sie sich einmal schlecht oder schuldig wegen Ihres Trinkens gefühlt? (*G*uilt feelings); (4) Haben Sie einmal morgens als erstes Alkohol getrunken, um sich nervlich wieder ins Gleichgewicht zu bringen oder einen Kater loszuwerden? (*E*ye opener).

In den Untersuchungen von Rumpf, Bohlmann et al. (2001) wurde deutlich, dass die behandelnden Ärzte zwar überwiegend die Alkoholproblematik erkennen oder gar dokumentieren (Erkennungsrate im Allgemeinkrankenhaus: 88,9 %, in der Hausarzt-Praxis: 74,7 %), dass der Einsatz der Screening-Fragebögen (CAGE oder LAST) die ärztliche Diagnostik jedoch in der Klinik um weitere 10 % auf 98 % und in der Hausarzt-Praxis gar um 20 % auf 94 % verbessert. Leider wurde andererseits festgestellt, dass trotz der richtig erkannten Alkoholprobleme nur ein geringer Prozentsatz (13,9 %) der identifizierten Patienten im Allgemeinkrankenhaus im Anschluss an eine suchtspezifische Behandlung weitervermittelt wird.

Im Fragebogen AUDIT sind zusätzlich zu anderen Screening-Fragen auch Fragen zur Quantifizierung des Alkoholkonsums enthalten. Frage 1 lautet: „Wie oft Trinken Sie alkoholische Getränke?" und Frage 2: „Wie viele Drinks trinken Sie an einem typischen Trinktag?". Mit den beiden Fragen nach der Trinkhäufigkeit und der Trinkmenge (Quantitiy Frequency Approach) ist in Annäherung eine Einschätzung der Trinkmenge der Patienten möglich.

Bestimmung der täglichen Trinkmenge und Diagnostik hohem Alkoholkonsums

Durch validierte klinische Interviews zu der Trinkmenge alkoholabhängiger Patienten wie dem FORM-90-Interview (Scheurich et al., 2005) sind Trinkmengen deutlich genauer rekonstruierbar. Für die Identifikation hohen sozialen Konsums (> 60 Gramm Alkohol/Tag bei Männern respektive > 30 Gramm/Tag bei Frauen) und hohen Konsums im Rahmen von Alkoholmissbrauch und Alkoholabhängigkeit sind die einfachen Fragen nach der Häufigkeit und Menge des Alkoholkonsums jedoch ausreichend.

Besteht Verdacht auf das Vorliegen einer Alkoholabhängigkeit oder von Alkoholmissbrauch, also bei lange anhaltenden hohen Trinkmengen oder bei mehr mehr als einer Ja-Antwort im CAGE-Fragebogen oder fünf und mehr Punkten im MAST, sollte das Vorliegen einer Alkoholabhängigkeit oder von Alkoholmissbrauch diagnostisch abgeklärt werden (siehe Einsteckkarte „Ablaufschema Diagnostik: Hoher Konsum, Schädlicher Gebrauch, Alkoholabhängigkeit").

Diagnose der Alkoholabhängigkeit

Hierzu sollte zumindest eine klinisch-psychologische Untersuchung anhand der ICD-10-Kriterien für Abhängigkeit erfolgen. Als sehr hilfreich und praktisch erweisen sich in dieser Situation Diagnose-Checklisten (z. B. Internationale Diagnosen Checklisten für ICD-10; IDCL, Hiller et al., 1995), auf denen die relevanten diagnostischen Kriterien in übersichlicher Form dargestellt sind. Sie erleichtern und unterstützen mittels Ja/Nein-Kodierboxen die einfache Protokollierung und Auswertung während des klinisch-diagnostischen Gespräches.

Der Einsatz strukturierter klinischer Interviews, wie des Strukturierten Klinischen Interviews für DSM-IV (SKID-I; Wittchen et al., 1997), erhöht die Reliabilität und Validität der Diagnosen. Allerdings verhindert der hohe zeitliche Aufwand den Einsatz der Interviews außerhalb klinischer Studien. Als Kompromiss setzen manche Kollegen gezielt allein die Sektion Abhängigkeit ein, wenn sich ein Fall als diagnostisch anspruchsvoll erweist.

Diagnose-Ablaufschema und Anamnesebogen Damit diese wichtigen anamnestischen Informationen am besten gezielt vor der neuropsychologischen Untersuchung erhoben werden können, haben wir ein Ablaufschema „Diagnostik: Hoher Konsum, schädlicher Gebrauch, Alkoholabhängigkeit" und einen „Neuropsychologie-Anamnesebogen" entworfen. Beide Formblätter liegen diesem Band bei.

7.4 Die neuropsychologische Untersuchung

Einsatz von Standardtestverfahren Die neuropsychologische Untersuchung bei Verdacht auf alkoholinduzierte kognitive Defizite kann in der Regel mit neuropsychologischen Standardverfahren wie Intelligenz-, Aufmerksamkeits- und Gedächtnistests sowie Tests zu den Exekutivfuntionen und der Psychomotorik (visuell-motorische Informationsverarbeitung) durchgeführt werden. Um die Untersuchung bei schwerer betroffenen Patienten zu verkürzen, sollte auf die notwendigen Bestandteile der Gedächtnistestung und der Untersuchung von Denkvermögen und Urteilsfähigkeit reduziert werden (siehe Einsteckkarte „Ablaufschema Neuropsychologische Untersuchung"). Unter Umständen sollten einfachere Verfahren aus dem Bereich der Demenzdiagnostik herangezogen werden. Bei ganz schwer beeinträchtigten Patienten sollten die Orientierung und aphasische oder apraktische Symptome mit einfachen Stimuli und Verfahren direkt überprüft werden.

Kriterien für das persistierende amnestische Syndrom Die diagnostischen Aufgaben der neuropsychologischen Untersuchung umfassen für das persistierende amnestische Syndrom nach ICD-10 F10.6 die Feststellung einer bedeutsamen Reduktion des Leistungsniveaus im Bereich des Gedächtnisses relativ zum prämorbiden Funktionsniveau. Gleichzeitig sind die Leistungen in den Bereichen der unmittelbaren Merkspanne (Immediatgedächtnis), der Wahrnehmung, der Aufmerksamkeit, des Denkvermögens und in der Psychomotorik mit durchschnittlichen oder moderat unterdurchschnittlichen Ergebnissen relativ gut erhalten oder verbessern sich unter fortschreitender Abstinenz nach drei bis sechs Monaten in den moderat unterdurchschnittlichen oder gar durchschnittlichen Leistungsbereich. Eine Störung des Bewusstseins ist ebenfalls auszuschließen und

74

damit die Möglichkeit deliranter Störungsbilder, die die schwere amnestische Symptomatik erklären könnten.

Für die neuropsychologische Untersuchung sind alle Testverfahren geeig-
net, die als validierte Testverfahren in den oben genannten neuropsychologischen Domänen eingesetzt werden und über gute Alters- und wenn möglich Bildungsvergleichsnormen verfügen. Die zentrale Untersuchung stellt
die Überprüfung des Gedächtnisses dar. Hier muss die Fähigkeit überprüft
werden, neues Material über die unmittelbare Merkspanne hinaus im Gedächtnis zu behalten. Dazu können Lerntests und Tests mit verzögertem Abruf eingesetzt werden. Um Aussagen über das verbale und nonverbale Gedächtnis treffen zu können, sollten sowohl Tests mit verbalen als auch Tests
mit figural-konstrutiven Stimuli verwendet werden. Zentral ist die Beobachtung einer altersgerechten Lernkurve in den Lerntests oder eines durchschnittlichen Resultats im Abruf nach einer Pause oder nach einer Störliste.

Als Beispiel für eine Testbatterie werden folgende Verfahren aufgelistet:
– Wortschatztest (Wechsler Intelligenztest für Erwachsene, WIE; von Aster
  et al., 2006): Überprüfung des Wortwissens, der kristallinen Intelligenz.
  Hinweis auf das prämorbide Ausbildungs- und Funktionsniveau.
– Mosaiktest (Wechsler Intelligenztest für Erwachsene, WIE; Aster et al.,
  2006);
– Leistungsprüfsystem (LPS; Horn, 1983) Untertest 3 oder 4: Quantifizie-
  rung des nonverbalen Denkvermögens, der fluiden Intelligenz.

Aus dem Verhältnis der kristallinen Intelligenz, dem bislang erworbenen
Wissen und dem aktuellen nonverbalen Denkvermögen können bei großen
Unterschieden Hinweise auf kognitiven Abbau (bei relativen Defiziten in der
aktuellen nonverbalen intellektuellen Leistungsfähigkeit) oder u. U. auf ein
Ausbildungsdefizit (bei relativ schlechtem Wortwissen) gewonnen werden.
– Verbaler Lern- und Merkfähigkeitstest (VLMT; Helmstaedter et al., 2001)
  und Münchner Verbaler Gedächtnistest (MVG; Ilmberger, 1988): Über-
  prüfung der Gedächtnisfunktionen inklusive der unmittelbaren Merkspanne, des Lernzuwachses bei wiederholter Vorgabe einer Wortliste, der
  Interferenzneigung, der verzögerten Wiedergabe und des verzögerten
  Wiedererkennens. Durch die Rate an Intrusionen ist eine Beurteilung
  der Konfabulationsneigung möglich.

In der 20-minütigen Verzögerungspause von VLMT oder MVG können die
ergänzenden Tests zur Psychomotorik (visuell-motorische Informationsverarbeitung) und Aufmerksamkeit durchgeführt werden:
– Zahlen-Symbol-Test (Wechsler Intelligenztest für Erwachsene, WIE;
  von Aster et al., 2006);
– Trail Making Test Form A (TMT-A) und Form B (TMT-B; Reitan, 1992):
  visuelle Exploration, visuelles Scanning, Umstellfähigkeit;
– Testbatterie zur Aufmerksamkeitsprüfung (TAP; Alertness und Reaktionswechsel; Zimmermann & Fimm, 1993).

7.5 Differenzialdiagnostik alkoholinduzierter Beeinträchtigungen

7.5.1 Die Bestimmung moderater Defizite nach Entgiftungsbehandlung

Moderate Defizite im Zustand nach Entgiftung

Weist der neuropsychologische Befund fünf bis sieben Tage nach Absetzen der Entgiftungsmedikation – bzw. wenn keine Entzugssymptome aufgetreten waren, fünf bis sieben Tage nach Abstinenzbeginn – keine gravierenden kognitiven Defizite auf und liegen alle Testergebnisse in dem Bereich bis zu einer Standardabweichung unterhalb der Altersnorm, ist von den typischen kognitiven Defiziten im Zustand nach Entgiftung auszugehen. Diese moderaten Defizite bessern sich im Verlauf nach drei bis spätestens sechs Monaten fortgesetzter Abstinenz in den Normbereich.

TMT-B erreicht nur eine Sensitivität von 62,7 % und eine Spezifität von 61,7 % für die Unterscheidung von Gesunden

Die besten diagnostischen Kennwerte zur Unterscheidung alkoholabhängiger Patienten ohne gravierende kognitive Defizite von gesunden Kontrollpersonen (mit durchschnittlichem Konsum) erreichen der LPS-Intelligenzquotient und der TMT-B. Für den LPS-Intelligenzquotienten wird bei einem Trennwert von kleiner als 110 Punkten eine Sensitivität von 61,7 % und eine Spezifität von 58,3 % für alkoholabhängige Patienten erreicht. Die TMT-B Berabeitungszeit von kleiner 75 Sekunden unterscheidet mit einer Sensitivität von 62,7 % und einer Spezifität von 61,7 % die gesunden Kontrollpersonen von alkoholabhängigen Patienten.

Die Identifikation und Unterscheidung der noch ähnlicheren kognitiven Profile bei depressiven Störungen oder bei moderater hepatischer Enzephalopathie gelingt noch weniger. Aufgrund der hohen Prävalenz von Schädel-Hirn-Traumen (SHT) bei den alkoholabhängigen Patienten können auch diese beiden Störungen gleichzeitig vorliegen. Wenngleich Patienten mit SHT abhängig von Schweregrad und Lokalisation oft sehr spezielle Defizitprofile aufweisen, können auch diese neuropsychologischen Beeinträchtigungen den moderaten Defiziten im Zustand nach Entgifung sehr ähnlich sein. Es ergibt sich in der Regel ein überlagerter Mischbefund.

Verlaufsuntersuchungen bei komorbiden Erkrankungen

Idealerweise wird dann eine Verlaufsuntersuchung durchgeführt (siehe Einsteckkarte „Ablaufschema Neuropsychologische Untersuchung"). Hier wird dann die Erholung der kognitiven Symptome nach sechs bis zwölf Wochen überprüft und mit dem typischen Verlauf unter Abstinenz verglichen. Bleiben die Defizite bestehen oder verstärken sie sich sogar, ist auch an weitere Faktoren wie beginnende demenzielle Entwicklungen oder andere neurologische Erkankungen zu denken.

7.5.2 Die Identifikation von Patienten mit persistierendem amnestischem Syndrom

Die klinisch bedeutsamste diagnostische Fragestellung betrifft die Feststellung bzw. den Ausschluss der gravierenden neuropsychologischen Beeinträchtigungen, die mit dem persistierenden amnestischen Syndrom oder der alkoholinduzierten Demenz einhergehen. Gleichzeitig stellt diese Untersuchungssituation neben dem Verdacht auf Demenz die einzige klinisch-neuropsychologische Entscheidungssituation der Neuropsychologie psychischer Störungen dar, die eine sichere neuropsychologische Einzelfalldiagnostik erlaubt.

Einzelfalldiagnostik

Nach der Entgiftungsbehandlung weisen sowohl die Patienten mit (sich entwickelndem) persistierendem amnestischen Syndrom als auch die Patienten, die lediglich die moderaten Defizite im Zustand nach Entgiftung erleiden, die typischen Defizite nach Entgiftung auf. Das umfasst die exekutiven Defizite und die moderaten Defizite in der Aufmerksamkeit, der Psychomotrik, im visuell-räumlichen und nonverbalen Denkvermögen. Die amnestischen Patienten weisen sogar eine unbeeinträchtigte oder nur moderat beeinträchtigte unmittelbare Merkspanne auf. Aber das dauerhafte Behalten neuer Informationen, die Funktionen des verzögerten Abrufs oder des Abrufs nach einer Störliste sind gravierend beeinträchtigt. Mit größerem Abstand zur Entgiftung und unter fortschreitender Abstinenz verringern sich auch für die amnestischen Patienten viele Beeinträchtigungen in den anderen kognitiven Domänen. Im Vergleich zu den nicht-amnestischen Patienten verbleiben häufig deutlichere Störungen der Exekutivfunktionen, dennoch können nach drei bis sechs Monaten viele Leistungen nahezu im Normbereich liegen. Langfristig bleiben die charakteristischen Defizite bzw. Ausfälle im deklarativen Lernvermögen und die Neigung, mit Konfabulationen nicht Erinnertes auszugleichen.

Zusätzliche typische Defizite im Zustand nach Entgiftung

Wie in Kap. 6.3 beschrieben, vermögen die neuropsychologischen Untersuchungsverfahren zur Funktion des deklarativen Gedächtnis mit einer Sensitivität von 94,4 % und einer Spezifität von 93,7 % (Lernsumme Durchgang 1–5 < 35 Wörter im CVLT) alkoholabhängige Patienten mit moderaten kognitiven Defiziten von alkoholabhängigen Patienten mit einem persistierenden amnestischen Syndrom zu trennen. Für die Anzahl richtiger Worte im Lerndurchgang fünf beträgt für Leistungen < 10 Wörter die Sensitivität 100 % und die Spezifität 93,7 % für die Idenifikation von Patienten mit einem persistierenden amnestischen Syndrom aus einer Gruppe von alkoholabhängigen Patienten nach Entgiftung.

Wortlistenlerntests erreichen eine Sensitivität von 94,4 % und eine Spezifität von 93,7 %

Über diese formal festgelegten Trennwerte hinaus ermöglicht auch die Beurteilung des Lernverlaufs im Gedächtnistest die eindeutige Zuordnung. Patienten mit einem amnestischen Syndrom erreichen keinen Lernzuwachs über die fünf Lerndurchgänge. Sie reproduzieren stabil ihre unmittelbare

Beurteilung des Lernverlaufs

Merkspanne von fünf bis etwa sieben, im Einzelfall acht oder neun richtigen Worten. Nach der Störliste fällt die Leistung steil ab, weil nicht auf die Merkspanne zurückgegriffen werden kann. Überdies erkennt der neuropsychologische Untersucher die hohe Zahl an Konfabulationen (Intrusionen). Der Patient nennt viele Worte, die nicht auf der Lernliste enthalten waren.

Überprüfung auf klinische Bedeutsamkeit

Ein solches Testergebnis in einem Wortlistenlerntest sollte auf klinische Bedeutsamkeit überprüft werden. Das kann zum einen durch einfache Verhaltensbeobachtungen im Alltag auf Station oder durch kurze Alltagstests geschehen. So kann das Stationsteam zu den Gedächtnis- und Orientierungsleistungen des Patienten im Alltag befragt werden. Schließlich empfiehlt es sich, sich ein eigenes Bild von der Validität der so gravierenden Defizite im neuropsychologischen Untersuchungsbefund zu machen. Am einfachsten ist eine nicht angekündigte Nachfrage auf Station oder mindestens eine halbe Stunde nach Abschluss der neuropsychologischen Untersuchung – bzw. einen oder mehrere Tage nach der Untersuchung. Einfache Fragen zur Person des Untersucher („Wie heiße ich? Wann haben wir uns kennen gelernt? Was haben wir zusammen gemacht? Welche Testverfahren wurden eingesetzt?") demaskieren das amnestische Syndrom. In der Regel wird der Patient den Untersucher kaum erkennen. Äußerungen wie „Sie kommen mir bekannt vor. Sie arbeiten hier in der Klinik" etc. sollen das Defizit verschleiern. Die Unfähigkeit, Einzelheiten zu nennen, ist charakteristisch.

Beispiel für eine Untersuchung im Verlauf

Die Veränderungen in einem typischen neuropsychologischen Leistungsprofil im Verlauf bei einem 40-jährigen Patienten mit akuter Wernicke-Enzephalopathie und sich entwickelndem persisitierenden amnestischen Syndrom sind in Tabelle 9 dargestellt (Fellgiebel et al., 2003). Fünf Wochen nach Einsetzen der Symptome einer Wernicke-Enzephalopathie fand die erste neuropsychologische Untersuchung statt. Das akute Krankheitsbild hatte drei Tage vor der stationären Aufnahme begonnen. Der Patient war auch nach Abklingen der Intoxikation deutlich ataktisch beim Stehen und Gehen. Er litt unter im Ausmaß fluktuierenden Störungen des Bewusstseins, war verwirrt und apathisch und zeigte Augenmuskellähmungen mit horizontalem und vertikalem Nystagmus. Im MRT zeigten sich eine globale Atrophie und bilaterale Läsionen des Thalamus. Fünf Wochen nach Beginn der Symptomatik hatte sich die Wernicke-Enzephalopathie deutlich gebessert. Es bestanden lediglich noch der horizontale Nystagmus und leichte Anzeichen der Ataxie.

Im Verlauf verbesserten sich alle kognitiven Funktionen außer der Gedächtnisfunktion in den Normalbereich (siehe Tabelle 9). Bereits neun Wochen nach Beginn der Symptomatik waren das Denkvermögen, die geteilte Aufmerksamkeit und einfache psychomotorische Funktionen wieder im Bereich der Altersnorm. Nach 37 Wochen erreichte der Patient schließlich auch im TMT-B eine unauffällige Leistung. Das amnestische Syndrom konnte

78

Tabelle 9:
Verlaufsuntersuchung bei einem Patienten mit Korsakow-Syndrom

Funktion	Test	Ergebnis (Prozentrang/Rohwert)			
		1. Messung 5. Woche	2. Messung 9. Woche	3. Messung 13. Woche	4. Messung 37. Woche
Verbales Denkvermögen:	LPS 1 und 2	16/18	35/32	35/32	31/30
Nonverbales Denkvermögen:	LPS 3 und 4	14/26	46/39	62/45	50/41
Gedächtnis:	AVLT Lernsumme 1–5	< 1/22	2/30	4/33	9/36
	Wiedergabe nach Störliste	< 1/0	< 1/2	< 1/0	< 1/1
	Verzögertes Wieder-erkennen (20 min)	< 1/9	12/13	< 1/11	1/12
	Verzögertes Wieder-erkennen (Falsche)	16	4	5	9
Geteilte Aufmerksamkeit:	TAP; Auslassungen	1/> 10	34/2	66/1	24/3
Psychomotorik:	TMT-A (Sekunden)	4/62	16/52	55/39	65/34
	TMT-B (Sekunden)	< 1/440	< 1/252	3/168	45/115

Anmerkungen: LPS = Leistungsprüfsystem (Horn, 1962); AVLT = Auditiv-Verbaler Lerntest (Heu-
brock, 1994); TAP = Testbatterie zur Aufmerksamkeitsprüfung (Zimmermann &
Fimm, 1993); TMT = Trail Making Test (Reitan, 1992).
Tabelle übernommen aus Fellgiebel et al., 2003.

zu jedem Messzeitpunkt mit Hilfe des Wortlistenlerntests AVLT eindeutig
abgebildet werden. Zu keinem Zeitpunkt konnte er mehr als zwei richtige
Worte im Durchgang nach der Störliste wiedergeben. Nach viermaliger
Wiederholung der neuropsychologischen Untersuchung erreicht er in der
37. Woche in der Lernsumme der Durchgänge eins bis fünf 36 Worte und
liegt damit um ein Wort höher als der oben empfohlene Trennwert (< 35
Worte) zur Identifikation von Patienten mit einem amnestischen Syndrom.

Hätten sich die Leistungen im Denkvermögen, der Aufmerksamkeit und
im sprachlichen Vermögen nicht gebessert, hätte eventuell eine alkoholinduzierte demenzielle Erkrankung diagnostiziert werden müssen.

Für ein alkoholinduzierte Demenz (F 10.73) gelten die Kritierien für demenzielle Erkrankungen anderer Ätiologie. Das heißt, es müssen neben
einer Gedächtnisstörung weitere kognitive Fähigkeiten beeinträchtigt sein.

**Kriterien für alkohol-
induzierte
Demenz**

Für die Demenzen wird nach ICD-10 (Dilling & Freyberger, 2006) eine Verminderung der Urteilsfähigkeit, der Fähigkeit zu planen und zu organisieren und der Informationsverarbeitung beschrieben. Diese Störungen sollten in der neuropsychologischen Untersuchung objektiviert werden, durch Fremdanamnese belegt sein und eine Beeinträchtigung der Alltagsbewältigung darstellen. Es darf nicht gleichzeitig eine Störung des Bewusstseins (wie beim Delirium) vorliegen. Es besteht jedoch zusätzlich eine Minderung der Affektkontrolle, des Sozialverhaltens oder des Antriebs. Das Krankheitsbild muss mindestens sechs Monate bestehen, um reversible Zustände ausschließen zu können.

Wären im Verlauf der dargestellten neuropsychologischen Untersuchungen (siehe Tabelle 9) keine signifikanten Besserungen im Denkvermögen, der Aufmerksamkeit und der Psychomotorik aufgetreten, wäre der Verdacht auf eine alkoholinduzierte Demenz gegeben. Bei dauerhaft deutlich unterdurchschnittlichen Ergebnissen in einem Intelligenztest (hier im LPS) oder anderen Testverfahren zum Denkvermögen, Planen oder Problemlösen, müssen die kognitiven Beeinträchtigungen auf ihre Bedeutsamkeit in der Alltagsbewältigung überprüft werden. Ist der Patient zusätzlich zu den Gedächtnisproblemen durch Einschränkungen des Denkvermögens, der Urteilsfähigkeit und des Planens und Problemlösens im Alltag behindert, ist die Diagnose Demenz heranzuziehen.

Diese Differenzialdiagnostik ist häufig erschwert, da viele Patienten mit einem amnestischen Syndrom zusätzliche exekutive Defizite aufweisen (wie in der Tabelle 9 im TMT-B). Die Zuordnung zum amnestischen Syndrom oder die Vergabe der Diagnose der alkoholinduzierten Demenz muss im Einzelfall immer hinsichtlich der tatsächlichen Behinderung im Alltag entschieden werden.

8 Neuropsychologische Therapie bei Alkoholabhängigkeit

8.1 Verbesserung und Beschleunigung der Restitution durch neuropsychologische Therapie im Anschluss an die Entgiftung

Die Beschleunigung und Verbesserung der kognitiven Rehabilitation alkoholabhängiger Patienten durch eine neuropsychologische Therapie wurde wiederholt mittels klinischer Studien nachgewiesen (Goldman, 1990; Yohman et al., 1988).

In mehreren Untersuchungen konnte die Arbeitsgruppe um Goldman zeigen, dass die moderaten kognitiven Defizite der Patienten mit Alkoholabhängigkeit durch eine neuropsychologische Therapie wieder verbessert werden können. In einer Untersuchung wurden zwei Gruppen alkoholabhängiger Patienten zu vier Zeitpunkten mit einer visuo-spatialen Aufgabe getestet. Die Patienten waren mindestens 40 Jahre alt, um die Rehabilitationsfähigkeit älterer alkoholabhängiger Patienten darstellen zu können. Gruppe 1 bearbeitete den Stark-Test, einen visuo-räumlichen Paar-Assoziationstest jeweils vier, acht, zwölf und 16 Tage nach Abstinenzbeginn. Gruppe zwei bearbeitete den Test an den Tagen 16, 20, 24 und 28 nach Abtsinenzbeginn. Es zeigte sich in beiden Gruppen enormer Leistungszuwachs durch Übung in den Testwiederholungsterminen. Ab dem zweiten Messzeitpunkt hatten die Teilnehmer beider Gruppen das Niveau gesunder Kontrollpersonen erreicht. Die zweite Gruppe startete jedoch zu Tag 16 auf demselben beeinträchtigten Niveau, das Gruppe 1 schon am Tag vier gezeigt hatte (siehe Abb. 8). Deshalb ist von einem bedeutsamen Einfluss der Übung auf die Performanz der Patienten auszugehen. Da zum letzten Testzeitpunkt jeweils abgewandelte Versionen des Stark-Tests verwendet wurden, zeigten sich auch Hinweise auf eine Generalisierung der Übungseffekte.

In einer weiteren Untersuchung entwarfen Goldman und Goldman (1988) neuropsychologisch-therapeutische Übungen für die alkoholbedingten Defizite. Die alkoholabhängigen Patienten erhielten Therapiesitzungen zum

Beschleunigung und Verbesserung der Erholung der kognitiven Fähigkeiten

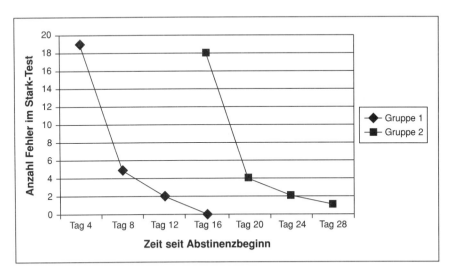

Abbildung 8:
Alkoholabhängige Patienten zeigen unmittelbar nach Abstinenzbeginn enormen
Leistungszuwachs durch Übung bei gestaffelten Testwiederholungen

visuellen Scanning und zum raschen Wechsel zwischen den Zahlen und Buchstabenreihen, die den TMT-B ausmachen. Die Patienten profitierten signifikant von dieser neuropsychologischen Therapie und verbesserten sich in den Normalbereich. Die unauffälligen Leistungen im TMT-B wurden zu Zeitpunkten nach der Entgiftung erzielt, wo die unbehandelte Patientengruppe eindeutig unterdurchschnittliche Ergebnisse zeigte.

Auswirkungen auf die Aufnahme und das Verständnis therapierelevanter Informationen Schließlich überprüften Roehrich und Goldman (1993), ob die durch neuropsychologische Therapie verbesserten kognitiven Funktionen vorteilhaft für die Teilnahme an einer Psychotherapie sind. Sie verglichen vier Gruppen alkoholabhängiger Patienten, die während eines vierwöchigen stationären Therapieprogrammes auch an einem Programm zur Rückfallprophylaxe teilnahmen. Die Patienten wurden in der ersten Woche neuropsychologisch untersucht und dann einem neuropsychologischen Therapieprogramm oder einer Plazebo- oder Vergleichsbedingung ohne neuropsychologische Therapie zugeordnet. Die neuropsychologische Therapie umfasste vier Sitzungen in den letzten zwei Wochen der stationären Therapie. Die Teilnehmer bearbeiteten individuell jeweils ein zuvor ausgehändigtes Arbeitsbuch mit kognitiven Aufgaben. Sie wurden den folgenden vier Bedingungen zufällig zugeteilt: Gruppe 1 (neuropsychologische Rehabilitation) erhielt in den Wochen drei und vier neuropsychologische Therapie anhand eines Arbeitsbuches mit Aufgaben zum Zeichnen nach Punkten, bearbeiten von Labyrinthen, anhand eines abgewandelten Zahlen-Symbol-Tests und von Teilen der Progressiven Matrizen nach Raven. Gruppe 2 (alltagspraktisch relevante Rehabilitation) bearbeitete ein Arbeitsbuch mit Aufgaben, die eher alltagspraktisch waren. Hier mussten Aufgaben mit Straßenkarten bearbeitet werden. Als Übung zur Generierung von Gedanken oder Ideen im Problemlösen sollten positive, negative und interessante Antworten zu vorgegebenen Statements wie „Die Heirat sollte ein nach fünf Jahren jeweils zu erneuernder Vertrag sein" gefunden werden. Überdies sollten die Teilnehmer vorgegebene Gedankengänge einer hypothetischen Person auf logische Stimmigkeit überprüfen. Die dritte Gruppe (Plazebo) erhielt ein Plazeboaufgabenbuch. Hier waren nur Statements über die Alkoholabhängigkeit enthalten, auf die die Teilnehmer antworten sollten. Anschließend sollten die Antworten begründet werden. Die vierte Gruppe erhielt kein Arbeitsbuch und keine neuropsychologische Therapie.

Die Patienten in den Gruppen mit aktiver neuropsychologischer oder alltagspraktischer Therapie verbesserten sich in der neuropsychologischen Abschlussuntersuchung signifikant im Zahlen-Symbol Test, im TMT-A und TMT-B, während die Patienten unter der Plazebo-Therapie oder ohne neuropsychologische Therapie keine signifikante Besserung erfuhren. Die Patienten profitierten also sowohl von fokussierter wie auch alltagspraktischer neuropsychologischer Therapie. Damit wurde überdies belegt, dass die unterschiedlichen neuropsychologischen Therapieformen beträchtliche Generalisierungen auf andere kognitive Bereiche zulassen.

82

Über diesen Nachweis der kognitiven Rehabilitation hinaus konnten die Patienten in den aktiven Therapiegruppen signifikant mehr richtige Inhalte der Therapie zur Rückfallprophylaxe wiedergeben und signifikant mehr alternative Verhaltensweisen für Hochrisikorückfallsituationen benennen als die Patienten der Plazebobedingung oder als die Patienten ohne neuropsychologische Therapie.

Damit konnten Roehrich und Goldman zeigen, dass die kognitive Rehabilitation mit einfachen Mitteln und in vier einstündigen Gruppensitzungen mit vorgegebenen Arbeitsbüchern die Aufnahme und Umsetzung von wichtigen Psychotherapiebausteinen wie der Rückfallprophylaxe verbessert.

8.2 Neuropsychologische Kompensationstherapie der Gedächtnisstörung bei persistierendem amnestischem Syndrom

Knight und Longmore (1994) fassen mehrere Studien zusammen, die den Einsatz intensiver neuropsychologischer Therapie bei Patienten mit persistierendem amnestischen Syndrom evaluieren. Cermak (1975) konnte zeigen, dass visuelle Imagination einen geringen positiven Einfluss auf das Wiedererkennen beim verbalen Paar-Assoziations-Lernen hatte. Allerdings lässt sich hier kein Hinweis auf die praktische Bedeutsamkeit ableiten. Howes (1983) konnte zeigen, dass eine visuelle Imaginationstechnik das verbale Paar-Assoziations-Lernen im Vergleich zu einer Kontrollbedingung verbessern konnte. Überdies scheinen subjektiv generierte Imaginationshilfen gegenüber vom Untersucher vorgegebenen Bildern überlegen gewesen zu sein. Die Effekte hielten 24 Stunden an. Es kann jedoch keine Aussage über den langfristigen Effekt getroffen werden.

Godfrey und Knight (1985) untersuchten an gemischten Gruppen von 12 amnestischen und dementen Patienten infolge Alkoholabhängigkeit den Effekt von 32 Stunden gezielter Gedächtnistherapie im Vergleich zu einer vergleichbar langen Therapie zur unspezifischen Aktivierung der Patienten. Die Gedächtnistherapie bestand aus Aufgaben zum assoziativen Lernen, Elementen des Realitäts-Orientierungs-Trainings, Training im Bilderwiedererkennen und Übungen zum Behalten kürzlicher Ereignisse, die während eines gemeinsamen Ausfluges gemeinsam erlebt worden waren. Die Kontrollgruppe erhielt in zeitlich vergleichbarem Rahmen Training in sozialen Fertigkeiten, spielte Karten oder Bingo, diskutierte neue Nachrichten, verfasste kurze Geschichten oder Reden. Auch die Kontrollgruppe unternahm in vergleichbarem Ausmaß Ausflüge in die Umgebung. Nach den Interventionen erreichten beide Gruppen vergleichbare Verbesserungen. Auch die unspezifische Aktivierung hatte in Gedächtnistests zu Verbesserung geführt. Allerdings zeigten sich keine praktisch bedeutsamen Verbesserungen in der Fremdeinschätzung per Inpatient Memory Impairment Scale (Godfrey & Knight, 1988) durch die Pflege. Es konnte auf Station keine Verbesserung im Verhalten beobachtet werden. In einer Nachfolgestudie veröffentlichten Godfrey et al. (1985) den klinischen Fortgang nach weiteren 12 Monaten. Von den Teilnehmern der Gedächtnistherapie konnte die Hälfte und von der Gruppe mit unspezifischer Aktivierung konnten sogar 2/3 der Patienten entlassen werden. Zum Vergleich beschrieben Godfrey et al. vier zeitgleich institutionalisierte ähnlich kranke Patienten, die im Verlauf alle nicht entlassen werden konnten. Allerdings ist die kausale Verknüpfung der besseren Entlassbarkeit mit der neuropsychologischen Therapie oder der unspezifischen Aktivierung nicht unmittelbar ableitbar, da auf diese Variablen viele andere Faktoren Einfluss nehmen können. Insgesamt scheinen spezifische Gedächtnistherapie und unspezifische Aktivierung vergleichbar positive Effekte auf die kognitiven Leistungen der amnestischen Patienten zu haben. Knight und Longmore kommen zu dem Schluss, dass die geringen und praktisch kaum bedeutsamen Effekte auf die Gedächtnisfunktion den Wert der neuropsychologischen Restitutionstherapie relativieren. Wichtiger sei die Aufhebung oder Minderung der negativen Folgen der Gedächtnisstörung durch kompensatorische Strategien. Alle Strategien, die den Gedächtnisverlust ausgleichen könnten, seien sehr hilfreich. Hier sind Notizzettel, mobile Telefone oder Computer etc. anzuführen. Ausserdem wird der Einsatz von Kontingenzmanagement bei der Einübung der externen Gedächtnishilfen empfohlen. Es soll eine adäquate Aufklärung der Patienten und der Angehörigen über die Gedächtnisstörung erfolgen. In Rollenspielen soll z. B. die Mitteilung der eigenen Gedächtnisprobleme geübt werden. Ergänzend wird in manchen Pflegeeinrichtungen mit innenarchitektonischen Maßnahmen zur farblichen Abhebung verschiedener Therapie- und Wohnbereiche den Patienten die Orientierung erleichtert.

In Analogie zur erfolgreichen Anwendung bei dementen Patienten kann davon ausgegangen werden, dass der Aufbau positiver Aktivitäten aus der verhaltenstherapeutischen Behandlung der Depression auch bei den Patienten mit alkoholinduzierter Amnesie oder alkoholinduzierter Demenz wirksam ist. Bei dementen Patienten konnten mit Effektstärken größer 1 antidepressive Effekte erzielt werden (Teri et al., 1997). Da die Verhinderung einer zusätzlichen depressiven Erkrankung und die Verbesserung des Affektes signifikant zum kognitiven Status und Allgemeinzustand der Patienten beiträgt, kann der Effekt der unspezifischen Aktivierung auf die kognitive Performanz in den oben beschriebenen Studien wahrscheinlich auch durch die die antidepressive Wirkung der angemessenen Beschäftigung mit den Patienten entstanden sein.

Restitutions-
therapie hat
keine klinisch
bedeutsamen
Effekte

Wichtigkeit
kompen-
satorischer
Maßnahmen

Anwendung
antidepressiver
Therapie-
bausteine,
Aufbau positi-
ver Aktivitäten

9 Zusammenfassung

In Deutschland sind über 1,5 Millionen Menschen oder 3,1 % der erwachsenen Bevölkerung im Alter von 18 bis 59 Jahren alkoholabhängig. Für etwa 90 % der alkoholabhängigen Patienten stellen sich durch den chronischen hohen Alkoholkonsum moderate kognitive Defizite ein, die sich unter fortgesetzter Abstinenz nach drei bis sechs Monaten in der Regel wieder in den Bereich der gesunden Kontrollpersonen verbessern. Diese moderaten Defizite betreffen die Exekutivfunktionen, das nonverbale Denkvermögen, das Gedächtnis, visuell-räumliche Leistungen und komplexe psychomotorische sowie komplexe Aufmerksamkeitsfunktionen. Diese kognitiven Defizite können als eingeschränktes Lern- und Denkvermögen zu Beginn der Abstinenz die Rückkehr in Schule, Studium und Beruf und die Teilnahme an psychotherapeutischen Programmen erschweren. Sie können sich als Beeinträchtigung der Planung und Steuerung des eigenen Verhaltens negativ auf die Fähigkeit zur Aufrechterhaltung der Abstinenz auswirken. Psychotherapeutische und auch pharmakotherapeutische Interventionen für die Alkoholabhängigkeit sind wirksam. Allerdings sind die Rückfallraten trotz Therapie hoch und betreffen bereits nach drei Monaten in der Regel 50 % der Patienten. Bessere Erfolgsraten weist die stationäre Langzeittherapie auf. Hier bleiben auch nach einem Jahr über 70 % der Patienten abstinent. Die moderaten kognitiven Defizite können durch neuropsychologische Therapie, das heißt Stimulation der eingeschränkten Funktionen, schneller wieder in den Normbereich verbessert werden, wodurch für viele Patienten auch die Rehabilitation beschleunigt werden kann.

Zusätzlich zu den moderaten kognitiven Einschränkungen können vor allem bei älteren alkoholabhängigen Patienten neuropsychiatrische Syndrome wie Delirium tremens, die Wernicke-Enzephalopathie, die Alkoholhalluzinose oder der alkoholbedingte Eifersuchtswahn auftreten. Die alkoholabhängigen Patienten haben ferner ein hohes Risiko, auch über die komorbiden Lebererkrankungen kognitive Defizite in Form der hepatischen Enzephalopathie zu erleiden und sie haben ein erhöhtes Risiko für Schädel-Hirn-Traumata, die ebenfalls kognitive Defizite bedingen können.

Neben den moderaten Defiziten erleiden 10 % der alkoholabhängigen Patienten schwere kognitive Defizite wie das persistierende amnestische Syndrom (Korsakow-Syndrom) oder die alkoholindizierte Demenz. Hier sind vor allem kompensatorische Therapiemassnahmen zu treffen, die die Behinderung durch die gravierende amnestische Symptomatik lindern. Dennoch sind diese Patienten dauerhaft auf die Unterstützung und Pflege durch andere angewiesen.

10 Weiterführende Literatur

Knight, R. G. & Longmore, B. E. (1994). *Clinical Neuropsychology of Alcoholism.* Hillsdale, NJ: Erlbaum.

Lautenbacher, S. & Gauggel, S. (2004). Neuropsychologie psychischer Störungen. Berlin: Springer.

11 Literatur

Acker, C. (1986). Neuropsychological deficits in alcoholics: the relative contributions of gender and drinking history. British journal of addiction, *81*(3), 395–403.

Adachi, M. & Brenner, D. A. (2005). Clinical syndromes of alcoholic liver disease. *Digestive diseases, 23*(3–4), 255–263.

Ambrose, M. L., Bowden, S. C. & Whelan, G. (2001). Working memory impairments in alcohol-dependent participants without clinical amnesia. *Alcoholism, clinical and experimental research, 25*(2), 185–191.

American Psychiatric Association. (1994). *Diagnostic and Statistical Manual of Mental Disorders.* Washington, D. C.: American Psychiatric Press.

Amodio, P., Del Piccolo, F., Marchetti, P., Angeli, P., Iemmolo, R., Caregaro, L. et al. (1999). Clinical features and survival of cirrhotic patients with subclinical cognitive alterations detected by the number connection test and computerized psychometric tests. *Hepatology, 29*(6), 1662–1667.

Anton, R. F., Moak, D. H., Latham, P. K., Waid, L. R., Malcolm, R. J., Dias, J. K. et al. (2001). Posttreatment results of combining naltrexone with cognitive-behavior therapy for the treatment of alcoholism. *Journal of clinical psychopharmacology, 21*(1), 72–77.

Anton, R. F., Moak, D. H., Waid, L. R., Latham, P. K., Malcolm, R. J. & Dias, J. K. (1999). Naltrexone and cognitive behavioral therapy for the treatment of outpatient alcoholics: results of a placebo-controlled trial. *The American journal of psychiatry, 156*(11), 1758–1764.

Anton, R. F., O'Malley, S. S., Ciraulo, D. A., Cisler, R. A., Couper, D., Donovan, D. M. et al. (2006). Combined pharmacotherapies and behavioral interventions for alcohol dependence: the COMBINE study: a randomized controlled trial. *JAMA: the journal of the American Medical Association, 295*(17), 2003–2017.

Arbelaez, A., Pajon, A. & Castillo, M. (2003). Acute Marchiafava-Bignami disease: MR findings in two patients. *AJNR. American journal of neuroradiology, 24*(10), 1955–1957.

Augustin, R. & Kraus, L. (2004). Changes in prevalence of problem opiate use in Germany between 1990 and 2000. *European addiction research, 10*(2), 61–67.

Babor, T. F., Brown, J. & Del Boca, F. (1990). Validity of self-reports in applied research on addictive behaviors: Fact or fiction? *Behavioral Assessment, 12,* 5–31.

Baddeley, A. (1992). Working memory. *Science, 255*(5044), 556–559.

Bates, M. E., Bowden, S. C. & Barry, D. (2002). Neurocognitive impairment associated with alcohol use disorders: implications for treatment. *Experimental and clinical psychopharmacology, 10*(3), 193–212.

Beatty, W. W., Hames, K. A., Blanco, C. R., Nixon, S. J. & Tivis, L. J. (1996). Visuospatial perception, construction and memory in alcoholism. *Journal of studies on alcohol, 57*(2), 136–143.

Beatty, W. W., Tivis, R., Stott, H. D., Nixon, S. J. & Parsons, O. A. (2000). Neuropsychological deficits in sober alcoholics: influences of chronicity and recent alcohol consumption. *Alcoholism, clinical and experimental research, 24*(2), 149–154.

Bechara, A. & Damasio, H. (2002). Decision-making and addiction (part I): impaired activation of somatic states in substance dependent individuals when pondering decisions with negative future consequences. *Neuropsychologia, 40*(10), 1675–1689.

Bechara, A., Dolan, S., Denburg, N., Hindes, A., Anderson, S. W. & Nathan, P. E. (2001). Decision-making deficits, linked to a dysfunctional ventromedial prefrontal cortex, revealed in alcohol and stimulant abusers. *Neuropsychologia, 39*(4), 376–389.

Bechara, A. & Martin, E. M. (2004). Impaired decision making related to working memory deficits in individuals with substance addictions. *Neuropsychology, 18*(1), 152–162.

Becker, J. T., Butters, N., Hermann, A. & D'Angelo, N. (1983). A comparison of the effects of long-term alcohol abuse and aging on the performance of verbal and nonverbal divided attention tasks. *Alcoholism, clinical and experimental research, 7*(2), 213–219.

Bendszus, M., Weijers, H. G., Wiesbeck, G., Warmuth-Metz, M., Bartsch, A. J., Engels, S. et al. (2001). Sequential MR imaging and proton MR spectroscopy in patients who underwent recent detoxification for chronic alcoholism: correlation with clinical and neuropsychological data. *AJNR. American journal of neuroradiology, 22*(10), 1926–1932.

Benkert, O. & Hippius, H. (2007). *Kompendium der Psychiatrischen Pharmakotherapie.* Berlin: Springer.

Berglund, M., Hagstadius, S., Risberg, J., Johanson, T. M., Bliding, A. & Mubrin, Z. (1987). Normalization of regional cerebral blood flow in alcoholics during the first 7 weeks of abstinence. *Acta psychiatrica Scandinavica, 75*(2), 202–208.

Bertera, J. H. & Parsons, O. A. (1978). Impaired visual search in alcoholics. *Alcoholism, clinical and experimental research, 2*(1), 9–14.

Blei, A. T. (2000). Diagnosis and treatment of hepatic encephalopathy. *Baillière's best practice & research. Clinical gastroenterology, 14*(6), 959–974.

Brand, M., Fujiwara, E., Borsutzky, S., Kalbe, E., Kessler, J. & Markowitsch, H. J. (2005). Decision-making deficits of korsakoff patients in a new gambling task with explicit rules: associations with executive functions. *Neuropsychology, 19*(3), 267–277.

Brandt, J., Butters, N., Ryan, C. & Bayog, R. (1983). Cognitive loss and recovery in long-term alcohol abusers. *Archives of general psychiatry, 40*(4), 435–442.

Brokate, B., Bernsdorff, K., Braamhorst, W., Eling, O. & Hildebrandt, H. (2008). Object alternation in alcohol dependent patients without amnestic syndrome. *Zeitschrift für Neuropsychologie, 19*(1), 33–40.

Brokate, B., Hildebrandt, H., Eling, P., Fichtner, H., Runge, K. & Timm, C. (2003). Frontal lobe dysfunctions in Korsakoff's syndrome and chronic alcoholism: continuity or discontinuity? *Neuropsychology, 17*(3), 420–428.

Brueck, R., Mann, K. & Frick, K. (2007). *Alkoholismusspezifische Psychotherapie.* Köln: Deutscher Ärzte-Verlag.

Bühringer, G. (2000a). *Alkoholkonsum und alkoholbezogene Störungen in Deutschland.* Baden-Baden: Nomos Verlagsgesellschaft.

Bühringer, G. (2000b). Schädlicher Gebrauch von psychoaktiven Substanzen. In J. Margraf (Hrsg.), *Lehrbuch der Verhaltenstherapie – Band 2: Störungen* (Vol. 2, pp. 269–298). Berlin: Springer.

Burtscheidt, W., Schwarz, R., Redner, C. & Gaebel, W. (1999). Verhaltenstherapeutische Verfahren in der ambulanten Behandlung von Alkoholabhängigen: Erste Ergebnisse einer experimentellen Untersuchung. *Fortschritte der Neurologie-Psychiatrie, 67*(6), 274–280.

Butters, N. (1984). The clinical aspects of memory disorders: contributions from experimental studies of amnesia and dementia. *Journal of clinical neuropsychology, 6*(1), 17–36.

Butters, N. & Cermak, L. S. (1980). *Alcoholic Korsakoff's syndrome: an information-processing approach to amnesia.* New York: Academic Press.

Butterworth, R. F. (2003). Hepatic encephalopathy – a serious complication of alcoholic liver disease. *Alcohol research & health : the journal of the National Institute on Alcohol Abuse and Alcoholism, 27*(2), 143–145.

Caulo, M., Van Hecke, J., Toma, L., Ferretti, A., Tartaro, A., Colosimo, C. et al. (2005). Functional MRI study of diencephalic amnesia in Wernicke-Korsakoff syndrome. *Brain, 128* (Pt 7), 1584–1594.

Cermak, L. S. (1975). Imagery as an aid to retrieval for Korsakoff patients. *Cortex, 11*(2), 163–169.

Claiborn, J. M. & Greene, R. L. (1981). Neuropsychological changes in recovering men alcoholics. *Journal of studies on alcohol, 42*(9), 757–765.

Cohen, N. J. & Squire, L. R. (1980). Preserved learning and retention of pattern-analyzing skill in amnesia: dissociation of knowing how and knowing that. *Science, 210*(4466), 207–210.

Conn, H. O. (1994). Quantifying the severity of hepatic encephalopathy. In H. O. Conn & J. Bircher (Eds.), *Hepatic Encephalopathy: Syndromes and Therapies* (pp. 13–26). Bloomington: Medi-Ed Press.

Corkin, S. (1979). Hidden-Figures test performance: Lasting effects of unilateral penetrating head injury and transient effects of bilateral cingulotomy. *Neuropsychologia, 17,* 585–605.

Cox, W. M., Hogan, L. M., Kristian, M. R. & Race, J. H. (2002). Alcohol attentional bias as a predictor of alcohol abusers' treatment outcome. *Drug and alcohol dependence, 68*(3), 237–243.

Culverhouse, R., Buchholz, K. K., Crowe, R. R., Hesselbrock, V., Nurnberger, J. I. Jr., Porjesz, B., Schuckit, M. A., Reich, T. & Bierut, L. J. (2005). Long-term stability of alcohol and other substance dependence diagnoses and habitual smoking: an evaluation after 5 years. *Archives of general psychiatry, 62*(7), 753–760.

Cutting, J. (1978). The relationship between Korsakoff's syndrome and „alcoholic dementia". *The British journal of psychiatry, 132,* 240–251.

Davies, S. J., Pandit, S. A., Feeney, A., Stevenson, B. J., Kerwin, R. W., Nutt, D. J. et al. (2005). Is there cognitive impairment in clinically ‚healthy' abstinent alcohol dependence? *Alcohol and alcoholism, 40*(6), 498–503.

Dawson, D. A., Grant, B. F., Stinson, F. S., Chou, P. S., Huang, B. & Ruan, W. J. (2005). Recovery from DSM-IV alcohol dependence: United States, 2001–2002. *Addiction, 100*(3), 281–292.

de Bruijn, K. M., Blendis, L. M., Zilm, D. H., Carlen, P. L. & Anderson, G. H. (1983). Effect of dietary protein manipulation in subclinical portal-systemic encephalopathy. *Gut, 24*(1), 53–60.

De Rosa, E., Desmond, J. E., Anderson, A. K., Pfefferbaum, A. & Sullivan, E. V. (2004). The human basal forebrain integrates the old and the new. *Neuron, 41*(5), 825–837.

De Soto, C. B., O'Donnell, W. E. & De Soto, J. L. (1989). Long-term recovery in alcoholics. *Alcoholism, clinical and experimental research, 13*(5), 693–697.

88

Deshmukh, A., Rosenbloom, M. J., Pfefferbaum, A. & Sullivan, E. V. (2002). Clinical signs of cerebellar dysfunction in schizophrenia, alcoholism, and their comorbidity. *Schizophrenia research, 57*(2–3), 281–291.

Desmond, J. E., Chen, S. H., DeRosa, E., Pryor, M. R., Pfefferbaum, A. & Sullivan, E. V. (2003). Increased frontocerebellar activation in alcoholics during verbal working memory: an fMRI study. *Neuroimage, 19*(4), 1510–1520.

D'Esposito, M. & Grossmann, M. (1998). The physiological basis of executive function and working memory. *The neuroscientist, 2,* 345–352.

Dhiman, R. K., Sawhney, M. S., Chawla, Y. K., Das, G., Ram, S. & Dilawari, J. B. (2000). Efficacy of lactulose in cirrhotic patients with subclinical hepatic encephalopathy. *Digestive diseases and sciences, 45*(8), 1549–1552.

Dilling, H. & Freyberger, H. J. (2006). *Taschenführer zur ICD-10-Klassifikation psychischer Störungen.* Bern: Verlag Hans Huber.

Downes, J. J., Mayes, A. R., MacDonald, C. & Hunkin, N. M. (2002). Temporal order memory in patients with Korsakoff's syndrome and medial temporal amnesia. *Neuropsychologia, 40*(7), 853–861.

Dunn, B. D., Dalgleish, T. & Lawrence, A. D. (2006). The somatic marker hypothesis: a critical evaluation. *Neuroscience and biobehavioral reviews, 30*(2), 239–271.

Eckardt, M. J., File, S. E., Gessa, G. L., Grant, K. A., Guerri, C., Hoffman, P. L. et al. (1998). Effects of moderate alcohol consumption on the central nervous system. *Alcoholism, clinical and experimental research, 22*(5), 998–1040.

Eckardt, M. J. & Martin, P. R. (1986). Clinical assessment of cognition in alcoholism. *Alcoholism, clinical and experimental research, 10*(2), 123–127.

Eckardt, M. J., Ryback, R. S. & Pautler, C. P. (1980). Neuropsychological deficits in alcoholic men in their mid thirties. *The American journal of psychiatry, 137*(8), 932–936.

Eckardt, M. J., Stapleton, J. M., Rawlings, R. R., Davis, E. Z. & Grodin, D. M. (1995). Neuropsychological functioning in detoxified alcoholics between 18 and 35 years of age. *The American journal of psychiatry, 152*(1), 53–59.

Ellis, R. J. (1990). Dichotic asymmetries in aging and alcoholic subjects. *Alcoholism, clinical and experimental research, 14*(6), 863–871.

Ellis, R. J. & Oscar-Berman, M. (1989). Alcoholism, aging, and functional cerebral asymmetries. *Psychological bulletin, 106*(1), 128–147.

Fama, R., Pfefferbaum, A. & Sullivan, E. V. (2004). Perceptual learning in detoxified alcoholic men: contributions from explicit memory, executive function, and age. *Alcoholism, clinical and experimental research, 28*(11), 1657–1665.

Fama, R., Pfefferbaum, A. & Sullivan, E. V. (2006). Visuoperceptual learning in alcoholic Korsakoff syndrome. *Alcoholism, clinical and experimental research, 30*(4), 680–687.

Fein, G., Klein, L. & Finn, P. (2004). Impairment on a simulated gambling task in long-term abstinent alcoholics. *Alcoholism, clinical and experimental research, 28*(10), 1487–1491.

Fellgiebel, A., Scheurich, A., Siessmeier, T., Schmidt, L. G. & Bartenstein, P. (2003). Persistence of disturbed thalamic glucose metabolism in a case of Wernicke-Korsakoff syndrome. *Psychiatry research, 124*(2), 105–112.

Fellgiebel, A., Siessmeier, T., Winterer, G., Luddens, H., Mann, K., Schmidt, L. G. et al. (2004). Increased cerebellar PET glucose metabolism corresponds to ataxia in Wernicke-Korsakoff syndrome. *Alcohol and alcoholism, 39*(2), 150–153.

Feuerlein, W. & Kufner, H. (1989). A prospective multicentre study of in-patient treatment for alcoholics: 18- and 48-month follow-up (Munich Evaluation for Alcoholism Treatment, MEAT). *European archives of psychiatry and neurological sciences, 239*(3), 144–157.

Fitzhugh, L. C., Fitzhugh, K. B. & Reitan, R. M. (1960). Adaptive abilities and intellectual functioning in hospitalized alcoholics. *Quarterly journal of studies on alcohol, 21*, 414–423.

Fitzhugh, L. C., Fitzhugh, K. B. & Reitan, R. M. (1965). Adaptive abilities and intellectual functioning of hospitalized alcoholics: further considerations. *Quarterly journal of studies on alcohol, 26*(3), 402–411.

Fowler, J. S. & Volkow, N. D. (1998). PET imaging studies in drug abuse. *Journal of toxicology. Clinical toxicology, 36*(3), 163–174.

Freedman, M. & Cermak, L. S. (1986). Semantic encoding deficits in frontal lobe disease and amnesia. *Brain and cognition, 5*(1), 108–114.

Fujiwara, E., Brand, M., Borsutzky, S., Steingass, H. P. & Markowitsch, H. J. (2007). Cognitive performance of detoxified alcoholic Korsakoff syndrome patients remains stable over two years. *Journal of clinical and experimental neuropsychology*, 1–12.

Gabriel, S., Grossmann, A., Hoppner, J., Benecke, R. & Rolfs, A. (1999). Marchiafava-Bignami-Syndrom Extrapontine Myelinolyse bei chronischem Alkoholmißbrauch. *Nervenarzt, 70*(4), 349–356.

Gansler, D. A., Harris, G. J., Oscar-Berman, M., Streeter, C., Lewis, R. F., Ahmed, I. et al. (2000). Hypoperfusion of inferior frontal brain regions in abstinent alcoholics: a pilot SPECT study. *Journal of studies on alcohol, 61*(1), 32–37.

Geyer, D., Batra, A., Beutel, M., Funke, W., Goerlich, P., Guenthner, A. et al. (2006). AWMF Leitlinie: Postakutbehandlung alkoholbezogener Störungen. *Sucht, 52*(1), 8–34.

Giancola, P. R. & Moss, H. B. (1998). Executive cognitive functioning in alcohol use disorders. *Recent developments in alcoholism, 14*, 227–251.

Glenn, S. W. & Parsons, O. A. (1992). Neuropsychological efficiency measures in male and female alcoholics. *Journal of studies on alcohol, 53*(6), 546–552.

Godfrey, H. P. & Knight, R. G. (1985). Cognitive rehabilitation of memory functioning in amnesiac alcoholics. *Journal of consulting and clinical psychology, 53*(4), 555–557.

Godfrey, H. P. & Knight, R. G. (1988). Inpatient Memory Impairment Scale: a cross-validation and extension study. *Journal of clinical psychology, 44*(5), 783–786.

Godfrey, H. P., Spittle, B. J. & Knight, R. G. (1985). Cognitive rehabilitation of amnesic alcoholics: a twelve month follow-up study. *The New Zealand medical journal, 98*(784), 650–651.

Goldman, M. S. (1987). The role of time and practice in recovery of function in alcoholics. In O. A. Parsons, N. Butters & P. Nathan (Eds.), *Neuropsychology of alcoholism: Implications for diagnosis and treatment* (pp. 291–321). New York: Guilford Press.

Goldman, M. S. (1990). Experience-dependent neuropsychological recovery and the treatment of chronic alcoholism. *Neuropsychology review, 1*(1), 75–101.

Goldman, R. S. & Goldman, M. S. (1988). Experience-dependent cognitive recovery in alcoholics: a task component strategy. *Journal of studies on alcohol, 49*(2), 142–148.

Gollin, E. S. (1960). Developmental studies of visual recognition of incomplete objects. *Perceptual and motor skills, 11*, 289–298.

Goudriaan, A. E., Oosterlaan, J., de Beurs, E. & van den Brink, W. (2005). Decision making in pathological gambling: a comparison between pathological gamblers, alcohol dependents, persons with Tourette syndrome, and normal controls. *Brain research. Cognitive brain research, 23*(1), 137–151.

Grant, I. (1987). Alcohol and the brain: neuropsychological correlates. *Journal of consulting and clinical psychology, 55*(3), 310–324.

90

Grüsser, S. M., Wrase, J., Klein, S., Hermann, D., Smolka, M. N., Ruf, M. et al. (2004). Cue-induced activation of the striatum and medial prefrontal cortex is associated with subsequent relapse in abstinent alcoholics. *Psychopharmacology (Berl), 175*(3), 296–302.

Hamelink, C., Hampson, A., Wink, D. A., Eiden, L. E. & Eskay, R. L. (2005). Comparison of cannabidiol, antioxidants, and diuretics in reversing binge ethanol-induced neurotoxicity. *The Journal of pharmacology and experimental therapeutics, 314*(2), 780–788.

Harding, A., Halliday, G., Caine, D. & Kril, J. (2000). Degeneration of anterior thalamic nuclei differentiates alcoholics with amnesia. *Brain, 123*(Pt 1), 141–154.

Harper, C. & Kril, J. (1989). Patterns of neuronal loss in the cerebral cortex in chronic alcoholic patients. *Journal of the neurological sciences, 92*(1), 81–89.

Harper, C. G., Kril, J. J. & Holloway, R. L. (1985). Brain shrinkage in chronic alcoholics: a pathological study. *British medical journal (Clinical research ed.), 290*(6467), 501–504.

Hautzinger, M., Wetzel, H., Szegedi, A., Scheurich, A., Lorch, B., Singer, P. et al. (2005). Rückfallverhinderung bei alkoholabhängigen Männern durch die Kombination von SSRI und kognitiver Verhaltenstherapie. Ergebnisse einer randomisierten kontrollierten, multizentrischen Therapiestudie. *Nervenarzt, 76*(3), 295–307.

He, J., Nixon, K., Shetty, A. K. & Crews, F. T. (2005). Chronic alcohol exposure reduces hippocampal neurogenesis and dendritic growth of newborn neurons. *The European journal of neuroscience, 21*(10), 2711–2720.

Heaton, R. K. (1981). Wisconsin Card Sorting Test Manual. Odessa, Fl: Psychological Assessment Resources

Hein, J., Wrase, J. & Heinz, A. (2007). Alkoholbedingte Störungen – Ätiopathogenese und therapeutischer Ausblick. *Fortschritte der Neurologie-Psychiatrie, 75*(1), 10–17.

Heinz, A., Reimold, M., Wrase, J., Hermann, D., Croissant, B., Mundle, G. et al. (2005). Correlation of stable elevations in striatal mu-opioid receptor availability in detoxified alcoholic patients with alcohol craving: a positron emission tomography study using carbon 11-labeled carfentanil. *Archives of general psychiatry, 62*(1), 57–64.

Heinz, A., Siessmeier, T., Wrase, J., Hermann, D., Klein, S., Grüsser, S. M. et al. (2004). Correlation between dopamine D(2) receptors in the ventral striatum and central processing of alcohol cues and craving. *The American journal of psychiatry, 161*(10), 1783–1789.

Helmstaedter, C., Lendt, M. & Lux, S. (2001). *Verbaler Lern- und Merkfähigkeitstest (VLMT)*. Göttingen: Beltz.

Hester, R. K., Smith, J. W. & Jackson, T. R. (1980). Recovery of cognitive skills in alcoholics. *Journal of studies on alcohol, 41*(3), 363–367.

Heubrock, D. (1994). Auditiv-Verbales Lernen unter standardisierten Bedingungen. Erste deutsche Normen für 18- bis 26jährige Männer und Frauen zum Auditiv-Verbalen Lerntest (AVLT). *Zeitschrift für Differentielle und Diagnostische Psychologie, 2*(15), 65–76.

Hildebrandt, H., Brokate, B., Eling, P. & Lanz, M. (2004). Response shifting and inhibition, but not working memory, are impaired after long-term heavy alcohol consumption. *Neuropsychology, 18*(2), 203–211.

Hildebrandt, H., Brokate, B., Hoffmann, E., Kroger, B. & Eling, P. (2006). Conditional responding is impaired in chronic alcoholics. *Journal of clinical and experimental neuropsychology, 28*(5), 631–645.

Hillbom, M. & Holm, L. (1986). Contribution of traumatic head injury to neuropsychological deficits in alcoholics. *Journal of neurology, neurosurgery, and psychiatry, 49*(12), 1348–1353.

Hiller, W., Zaudig, M. & Mombour, W. (1995). *IDCL, Internationale Diagnosen Checklisten für ICD-10 und DSM-IV*. Bern: Huber.

Höhenscheid, K.-J. & Straube, M. (2005). *Volkswirtschaftliche Kosten durch Straßenverkehrsunfälle in Deutschland 2003* (Vol. 10/05). Bergisch Gladbach: Bundesanstalt für Straßenwesen.

Holden, K. L., McLaughlin, E. J., Reilly, E. L. & Overall, J. E. (1988). Accelerated mental aging in alcoholic patients. *Journal of clinical psychology, 44*(2), 286–292.

Holdstock, J. S., Mayes, A. R., Cezayirli, E., Aggleton, J. P. & Roberts, N. (1999). A comparison of egocentric and allocentric spatial memory in medial temporal lobe and Korsakoff amnesics. *Cortex, 35*(4), 479–501.

Homewood, J. & Bond, N. W. (1999). Thiamin deficiency and Korsakoff's syndrome: failure to find memory impairments following nonalcoholic Wernicke's encephalopathy. *Alcohol, 19*(1), 75–84.

Horn, W. (1962). *Leistungsprüfsystem (LPS).* Göttingen: Hogrefe.

Horner, M. D., Waid, L. R., Johnson, D. E., Latham, P. K. & Anton, R. F. (1999). The relationship of cognitive functioning to amount of recent and lifetime alcohol consumption in outpatient alcoholics. *Addictive behaviors, 24*(3), 449–453.

Howes, J. L. (1983). Effects of experimenter- and self-generated imagery on the Korsakoff patient's memory performance. *Neuropsychologia, 21*(4), 341–349.

Hulse, G. K., Lautenschlager, N. T., Tait, R. J. & Almeida, O. P. (2005). Dementia associated with alcohol and other drug use. *International Psychogeriatrics, 17,* 109–127.

Huppert, F. A. & Piercy, M. (1976). Recognition memory in amnesic patients: effect of temporal context and familiarity of material. *Cortex, 12*(1), 3–20.

Ilmberger, J. (1988). *Münchner Verbaler Gedächtnistest (MVG). Deutsche Version des Califonia Verbal Learning Test (CVLT).* München: Universität München: Institut für medizinische Psychologie.

Isbell, H., Fraser, H. F., Wikler, A., Belleville, R. E. & Eisenman, A. J. (1955). An experimental study of the etiology of rum fits and delirium tremens. *Quarterly journal of studies on alcohol, 16*(1), 1–33.

James, T. W., Humphrey, G. K., Gati, J. S., Menon, R. S. & Goodale, M. A. (2000). The effects of visual object priming on brain activation before and after recognition. *Current biology, 10*(17), 1017–1024.

John, U. (1993). Standardisierte Verfahren zur Diagnostik der Alkoholabhängigkeit. *Drogalkohol, 17* (1), 3–12.

John, U. (1996). *Prävalenz und Sekundärprävention von Alkoholmißbrauch und -abhängigkeit in der medizinischen Versorgung.* (Vol. 71). Baden-Baden: Nomos Verlagsgesellschaft.

Johnson-Greene, D., Adams, K. M., Gilman, S. & Junck, L. (2002). Relationship between neuropsychological and emotional functioning in severe chronic alcoholism. *The Clinical neuropsychologist, 16*(3), 300–309.

Johnson-Greene, D., Adams, K. M., Gilman, S., Koeppe, R. A., Junck, L., Kluin, K. J. et al. (1997). Effects of abstinence and relapse upon neuropsychological function and cerebral glucose metabolism in severe chronic alcoholism. *Journal of clinical and experimental neuropsychology, 19*(3), 378–385.

Joyce, E. M. & Robbins, T. W. (1991). Frontal lobe function in Korsakoff and non-Korsakoff alcoholics: planning and spatial working memory. *Neuropsychologia, 29*(8), 709–723.

Kathmann, N., Wagner, M., Satzger, W. & Engel, R. R. (1996). Vigilanzmessung auf Verhaltensebene: Der Continuous Performance Test München (CPT-M). In H. Möller, R. Engel & P. Hoff (Eds.), *Befunderhebung in der Psychiatrie: Lebensqualität, Negativsymptomatik und andere aktuelle Entwicklungen* (pp. 331–338). Wien: Springer.

Kiefer, F., Jahn, H., Tarnaske, T., Helwig, H., Briken, P., Holzbach, R. et al. (2003). Comparing and combining naltrexone and acamprosate in relapse prevention of alcoholism:

a double-blind, placebo-controlled study. *Archives of general psychiatry, 60*(1), 92–99.

Kiefer, F. & Mann, K. (2005). New achievements and pharmacotherapeutic approaches in the treatment of alcohol dependence. *European journal of pharmacology, 526*(1–3), 163–171.

Knight, R. G. (2001). Neurological consequences of alcohol use. In N. Heather, T. Peters & T. Stockwell (Eds.), *International Handbook of Alcohol Dependence and Problems* (pp. 129–149). Chichester: John Wiley & Sons.

Knight, R. G. & Longmore, B. E. (1994). *Clinical Neuropsychology of Alcoholism.* Hillsdale, NJ: Erlbaum.

Kopelman, M. D. (1995). The Korsakoff syndrome. *The British journal of psychiatry, 166*(2), 154–173.

Kopelman, M. D., Lasserson, D., Kingsley, D., Bello, F., Rush, C., Stanhope, N. et al. (2001). Structural MRI volumetric analysis in patients with organic amnesia, 2: correlations with anterograde memory and executive tests in 40 patients. *Journal of neurology, neurosurgery, and psychiatry, 71*(1), 23–28.

Kopelman, M. D., Wilson, B. & Baddeley, A. (1990). *The Autobiographical Memory Interview (AMI).* Bury St Edmunds, England: Thames Valley Test Company.

Korsakow, S. S. (1889). Etude médico-psycologique sur une forme des maladies de la memorie. Revue Philosophique*, 5*, 501–530.

Krabbendam, L., Visser, P. J., Derix, M. M., Verhey, F., Hofman, P., Verhoeven, W. et al. (2000). Normal cognitive performance in patients with chronic alcoholism in contrast to patients with Korsakoff's syndrome. *The Journal of neuropsychiatry and clinical neurosciences, 12*(1), 44–50.

Kraus, L. & Augustin, R. (2001). Repräsentativerhebung zum Konsum psychotroper Substanzen bei Erwachsenen in Deutschland 2000. *Sucht, 47* (Sonderheft 1), S3-S86.

Kril, J. J. & Halliday, G. M. (1999). Brain shrinkage in alcoholics: a decade on and what have we learned? *Progress in neurobiology, 58*(4), 381–387.

Kril, J. J., Halliday, G. M., Svoboda, M. D. & Cartwright, H. (1997). The cerebral cortex is damaged in chronic alcoholics. *Neuroscience, 79*(4), 983–998.

Kuhn, J., Friedel, V., Knitelius, H. O. & Bewermeyer, H. (2004). Iatrogenes Wernicke-Korsakoff-Syndrom mit ungewöhnlichen Symptomen und MRT-Veränderungen. *Nervenarzt, 75*(8), 795–800.

Ledin, T. & Odkvist, L. M. (1991). Abstinent chronic alcoholics investigated by dynamic posturography, ocular smooth pursuit and visual suppression. *Acta Otolaryngol, 111*(4), 646–655.

Leng, N. R. & Parkin, A. J. (1989). Aetiological variation in the amnesic syndrome: comparisons using the Brown-Peterson task. *Cortex, 25*(2), 251–259.

Lieb, K. (2005). Störungen durch Alkohol. In S. Brunnhuber, S. Frauenknecht & K. Lieb (Eds.), *Intensivkurs Psychiatrie und Psychotherapie.* München: Urban und Fischer.

Lishman, W. A. (1990). Alcohol and the brain. *The British journal of psychiatry, 156,* 635–644.

Loose, R., Johann, M., Bobbe, G., Alders, G. L., Wodarz, N. & Lange, K. W. (2001). *Alkoholabhängigkeit und Kognition.* Kongress der Deutschen Gesellschaft für Neuropsychologie in Marburg, 4.–7. 10. 2001.

Mann, K. (1992). *Alkohol und Gehirn. Über strukturelle und funktionelle Veränderungen nach erfolgreicher Therapie.* Berlin: Springer.

Mann, K., Diehl, A., Hein, J. & Heinz, A. (2007). Alkoholabhängigkeit (ICD-10 F1). In U. Voderholzer & F. Hohagen (Eds.), *Therapie psychischer Erkrankungen. State of the Art.* München: Urban & Fischer.

Mann, K., Gunther, A., Stetter, F. & Ackermann, K. (1999). Rapid recovery from cognitive deficits in abstinent alcoholics: a controlled test-retest study. *Alcohol and alcoholism, 34*(4), 567–574.

Mann, K., Schafer, D. R., Langle, G., Ackermann, K. & Croissant, B. (2005). The long-term course of alcoholism, 5, 10 and 16 years after treatment. *Addiction, 100*(6), 797–805.

Marschner, G. (1993). Der Revisions-Test nach Dr. Berthold Stender. Ein allgemeiner Leistungstest zur Untersuchung anhaltender Konzentration bei geistiger Tempoarbeit. Göttingen: Hogrefe.

Mayo-Smith, M. F., Beecher, L. H., Fischer, T. L., Gorelick, D. A., Guillaume, J. L., Hill, A. et al. (2004). Management of alcohol withdrawal delirium. An evidence-based practice guideline. *Archives of internal medicine, 164*(13), 1405–1412.

McEntee, W. J. & Crook, T. H. (1993). Glutamate: its role in learning, memory, and the aging brain. *Psychopharmacology (Berl), 111*(4), 391–401.

Miglioli, M., Buchtel, H. A., Campanini, T. & De Risio, C. (1979). Cerebral hemispheric lateralization of cognitive deficits due to alcoholism. *The Journal of nervous and mental disease, 167*(4), 212–217.

Mohs, R. C., Tinklenberg, J. R., Roth, W. T. & Kopell, B. S. (1978). Slowing of short-term memory scanning in alcoholics. *Journal of studies on alcohol, 39*(11), 1908–1915.

Moriyama, Y., Mimura, M., Kato, M., Yoshino, A., Hara, T., Kashima, H. et al. (2002). Executive dysfunction and clinical outcome in chronic alcoholics. *Alcoholism, clinical and experimental research, 26*(8), 1239–1244.

Moselhy, H. F., Georgiou, G. & Kahn, A. (2001). Frontal lobe changes in alcoholism: a review of the literature. *Alcohol and alcoholism, 36*(5), 357–368.

Moyer, A., Finney, J. W., Swearingen, C. E. & Vergun, P. (2002). Brief interventions for alcohol problems: a meta-analytic review of controlled investigations in treatment-seeking and non-treatment-seeking populations. *Addiction, 97*(3), 279–292.

National Institute on Alcohol Abuse and Alcoholism. (1989). *Alcohol Alert No 4.* Rockville: Publications Distribution Center.

Nicolas, J. M., Catafau, A. M., Estruch, R., Lomena, F. J., Salamero, M., Herranz, R. et al. (1993). Regional cerebral blood flow-SPECT in chronic alcoholism: relation to neuropsychological testing. *Journal of nuclear medicine, 34*(9), 1452–1459.

Nixon, K. (2006). Alcohol and adult neurogenesis: roles in neurodegeneration and recovery in chronic alcoholism. *Hippocampus, 16*(3), 287–295.

Nixon, S. J. & Glenn, S. W. (1995). Cognitive psychosocial performance and recovery in female alcoholics. *Recent developments in alcoholism, 12,* 287–307.

Noel, X., Van der Linden, M., Schmidt, N., Sferrazza, R., Hanak, C., Le Bon, O. et al. (2001). Supervisory attentional system in nonamnesic alcoholic men. *Archives of general psychiatry, 58*(12), 1152–1158.

Nolen-Hoeksema, S. (2004). Gender differences in risk factors and consequences for alcohol use and problems. *Clinical psychology review, 24*(8), 981–1010.

Norman, D. & Shallice, T. (1980). *Attention to action: Willed and automatic control of behavior.* University of California.

Olfson, M., Kessler, R. C., Berglund, P. A. & Lin, E. (1998). Psychiatric disorder onset and first treatment contact in the United States and Ontario. *The American journal of psychiatry, 155*(10), 1415–1422.

Oscar-Berman, M., Kirkley, S. M., Gansler, D. A. & Couture, A. (2004). Comparisons of Korsakoff and non-Korsakoff alcoholics on neuropsychological tests of prefrontal brain functioning. *Alcoholism, clinical and experimental research, 28*(4), 667–675.

Oscar-Berman, M., Shagrin, B., Evert, D. L. & Epstein, C. (1997). Impairments of brain and behavior: the neurological effects of alcohol. *Alcohol health and research world, 21*(1), 65–75.

Oscar-Berman, M. & Weinstein, A. (1985). Visual Processing, memory and lateralization in alcoholism and aging. *Developmental Neuropsychology, 1,* 99–112.

Oscar-Berman, M., Zola-Morgan, S. M., Oberg, R. G. & Bonner, R. T. (1982). Comparative neuropsychology and Korsakoff's syndrome. III – Delayed response, delayed alternation and DRL performance. *Neuropsychologia, 20*(2), 187–202.

Oslin, D., Atkinson, R. M., Smith, D. M. & Hendrie, H. (1998). Alcohol related dementia: proposed clinical criteria. *International journal of geriatric psychiatry, 13*(4), 203–212.

Osterrieth, P. & Rey, A. (1944). Le test de copie d'une figure complex. Archives de Psychologie, 30, 205–221

Parker, E. S. & Noble, E. P. (1977). Alcohol consumption and cognitive functioning in social drinkers. *Journal of studies on alcohol, 38*(7), 1224–1232.

Parks, M. H., Morgan, V. L., Pickens, D. R., Price, R. R., Dietrich, M. S., Nickel, M. K. et al. (2003). Brain fMRI activation associated with self-paced finger tapping in chronic alcohol-dependent patients. *Alcoholism, clinical and experimental research, 27*(4), 704–711.

Parsons, O. A. (1998). Neurocognitive deficits in alcoholics and social drinkers: a continuum? *Alcoholism, clinical and experimental research, 22*(4), 954–961.

Parsons, O. A. & Leber, W. R. (1981). The relationship between cognitive dysfunction and brain damage in alcoholics: causal, interactive, or epiphenomenal? *Alcoholism, clinical and experimental research, 5*(2), 326–343.

Parsons, O. A. & Nixon, S. J. (1998). Cognitive functioning in sober social drinkers: a review of the research since 1986. *Journal of studies on alcohol, 59*(2), 180–190.

Peterson, J. B., Rothfleisch, J., Zelazo, P. D. & Pihl, R. O. (1990). Acute alcohol intoxication and cognitive functioning. *Journal of studies on alcohol, 51*(2), 114–122.

Pfefferbaum, A., Lim, K. O., Zipursky, R. B., Mathalon, D. H., Rosenbloom, M. J., Lane, B. et al. (1992). Brain gray and white matter volume loss accelerates with aging in chronic alcoholics: a quantitative MRI study. *Alcoholism, clinical and experimental research, 16*(6), 1078–1089.

Pfefferbaum, A. & Rosenbloom, M. J. (1993). In vivo imaging of morphological brain alterations associated with alcoholism. In W. Hunt & S. Nixon (Eds.), *Alcohol-induced brain damage. Research Monograph No. 22* (pp. 71–87). Bethesda: National Institute on Alcohol Abuse and Alcoholism.

Pfefferbaum, A., Sullivan, E. V., Mathalon, D. H. & Lim, K. O. (1997). Frontal lobe volume loss observed with magnetic resonance imaging in older chronic alcoholics. *Alcoholism, clinical and experimental research, 21*(3), 521–529.

Pfefferbaum, A., Sullivan, E. V., Mathalon, D. H., Shear, P. K., Rosenbloom, M. J. & Lim, K. O. (1995). Longitudinal changes in magnetic resonance imaging brain volumes in abstinent and relapsed alcoholics. *Alcoholism, clinical and experimental research, 19*(5), 1177–1191.

Pollux, P. M., Wester, A. & De Haan, E. H. (1995). Random generation deficit in alcoholic Korsakoff patients. *Neuropsychologia, 33*(1), 125–129.

Porjesz, B. & Begleiter, H. (1987). Evoked brain potentials and alcoholism. In O. Parsons, N. Butters & P. Narthan (Eds.), *Neuropsychology of alcoholism: Implications for diagnosis and treatment* (pp. 45–63). New York: Guilford Press.

Postma, A., Van Asselen, M., Keuper, O., Wester, A. J. & Kessels, R. P. (2006). Spatial and temporal order memory in Korsakoff patients. *Journal of the International Neuropsychological Society, 12*(3), 327–336.

Preuss, U.W. & Soyka, M. (1997). Das Wernicke-Korsakow-Syndrom: Klinik, Pathophysiologie und therapeutische Ansätze. *Fortschritte der Neurologie-Psychiatrie, 65*(9), 413–420.

Rapeli, P., Service, E., Salin, P. & Holopainen, A. (1997). A dissociation between simple and complex span impairment in alcoholics. *Memory, 5*(6), 741–762.

Reed, L.J., Lasserson, D., Marsden, P., Stanhope, N., Stevens, T., Bello, F. et al. (2003). FDG-PET findings in the Wernicke-Korsakoff syndrome. *Cortex, 39*(4–5), 1027–1045.

Reitan, R.M. (1992). *Trail Making Test. Manual for Administration and Scoring.* South Tucson, Arizona: Reitan Neuropsychology Laboratory.

Reitan, R.M., & Wolfson, D. (1993). The Halstead-Reitan Neuropsychological Battery. Tucson, AZ: Neuropsychology Press.

Riege, W.H., Tomaszewski, R., Lanto, A. & Metter, E.J. (1984). Age and alcoholism: independent memory decrements. *Alcoholism, clinical and experimental research, 8*(1), 42–47.

Roehrich, L. & Goldman, M.S. (1993). Experience-dependent neuropsychological recovery and the treatment of alcoholism. *Journal of consulting and clinical psychology, 61*(5), 812–821.

Room, R., Babor, T. & Rehm, J. (2005). Alcohol and public health. *Lancet, 365*(9458), 519–530.

Rosenbloom, M.J., Pfefferbaum, A. & Sullivan, E.V. (1995). Structural brain alterations associated with alcoholism. *Alcohol Health and Research World, 19*(4), 266–272.

Rourke, S.B. & Grant, I. (1999). The interactive effects of age and length of abstinence on the recovery of neuropsychological functioning in chronic male alcoholics: a 2-year follow-up study. *Journal of the International Neuropsychological Society, 5*(3), 234–246.

Rourke, S.B. & Loberg, T. (1996). The Neurobehavioral Correlates of Alcoholism. In I. Grant & K. Adams (Eds.), *Neuropsychological Assessment of Neuropsychiatric Disorders* (2nd ed., pp. 423–485). New York: Oxford University Press.

Rumpf, H.J., Bohlmann, J., Hill, A., Hapke, U. & John, U. (2001). Physicians' low detection rates of alcohol dependence or abuse: a matter of methodological shortcomings? *General hospital psychiatry, 23*(3), 133–137.

Rumpf, H.J., Hapke, U. & John, U. (2001) LAST. Lübecker Alkoholabhängigkeits und -missbrauchs-Screening-Test. Göttingen: Hogrefe

Rumpf, H.J., Meyer, C., Hapke, U., Bischof, G. & John, U. (2000). Inanspruchnahme suchtspezifischer Hilfen von Alkoholabhängigen und -missbrauchern: Ergebnisse der TACOS Bevölkerungsstudie. *Sucht, 46,* 9–17.

Rupp, C.I., Fleischhacker, W.W., Drexler, A., Hausmann, A., Hinterhuber, H. & Kurz, M. (2006). Executive function and memory in relation to olfactory deficits in alcohol-dependent patients. *Alcoholism, clinical and experimental research, 30*(8), 1355–1362.

Ryan, C. & Butters, N. (1980). Learning and memory impairments in young and old alcoholics: evidence for the premature-aging hypothesis. *Alcoholism, clinical and experimental research, 4*(3), 288–293.

Ryback, R.S. (1971). The continuum and specificity of the effects of alcohol on memory. A review. *Quarterly journal of studies on alcohol, 32*(4), 995–1016.

Saitz, R. (1998). Introduction to alcohol withdrawal. *Alcohol health and research world, 22*(1), 5–12.

Sass, H., Soyka, M., Mann, K. & Zieglgansberger, W. (1996). Relapse prevention by acamprosate. Results from a placebo-controlled study on alcohol dependence. *Archives of general psychiatry, 53*(8), 673–680.

Saunders, J. B., Aasland, O. G., Amundsen, A. & Grant, M. (1993). Alcohol consumption and related problems among primary health care patients: WHO collaborative project on early detection of persons with harmful alcohol consumption – I. *Addiction, 88*(3), 349– 362.

Scheurich, A., Muller, M. J., Anghelescu, I., Lorch, B., Dreher, M., Hautzinger, M. et al. (2005). Reliability and validity of the form 90 interview. *European addiction research, 11*(1), 50–56.

Scheurich, A., Muller, M. J., Szegedi, A., Anghelescu, I., Klawe, C., Lorch, B. et al. (2004). Neuropsychological status of alcohol-dependent patients: increased performance through goal-setting instructions. *Alcohol and alcoholism, 39*(2), 119–125.

Schmidt, K. S., Gallo, J. L., Ferri, C., Giovannetti, T., Sestito, N., Libon, D. J. et al. (2005). The neuropsychological profile of alcohol-related dementia suggests cortical and sub-cortical pathology. *Dementia and geriatric cognitive disorders, 20*(5), 286–291.

Scholz, E., Diener, H. C., Dichgans, J., Langohr, H. D., Schied, W. & Schupmann, A. (1986). Incidence of peripheral neuropathy and cerebellar ataxia in chronic alcoholics. *Journal of neurology, 233*(4), 212–217.

Schreckenberger, M., Amberg, R., Scheurich, A., Lochmann, M., Tichy, W., Klega, A. et al. (2004). Acute alcohol effects on neuronal and attentional processing: striatal reward system and inhibitory sensory interactions under acute ethanol challenge. *Neuropsychopharmacology, 29*(8), 1527–1537.

Schroth, G., Naegele, T., Klose, U., Mann, K. & Petersen, D. (1988). Reversible brain shrinkage in abstinent alcoholics, measured by MRI. *Neuroradiology, 30*(5), 385–389.

Schuckit, M. A. (1994). Low level of response to alcohol as a predictor of future alcoholism. *The American journal of psychiatry, 151*(2), 184–189.

Schuckit, M. A., Anthenelli, R. M., Bucholz, K. K., Hesselbrock, V. M. & Tipp, J. (1995). The time course of development of alcohol-related problems in men and women. *Journal of studies on alcohol, 56*(2), 218–225.

Schweizer, T. A., Vogel-Sprott, M., Danckert, J., Roy, E. A., Skakum, A. & Broderick, C. E. (2006). Neuropsychological profile of acute alcohol intoxication during ascending and descending blood alcohol concentrations. *Neuropsychopharmacology, 31*(6), 1301–1309.

Selzer, M. L. (1971). The Michigan Alcoholism Screening Test: The quest for a new diagnostic instrument. *American Journal of Psychiatry, 127,* 1653–1658.

Shallice, T. (1982). Specific impairments of planning. *Philosophical transactions of the Royal Society of London. Series B, Biological sciences, 298*(1089), 199–209.

Sharp, J. R., Rosenbaum, G., Goldman, M. S. & Whitman, R. D. (1977). Recoverability of psychological functioning following alcohol abuse: acquisition of meaningful synonyms. *Journal of consulting and clinical psychology, 45*(6), 1023–1028.

Sobell, L. C., Cunningham, J. A. & Sobell, M. B. (1996). Recovery from alcohol problems with and without treatment: prevalence in two population surveys. *American journal of public health, 86*(7), 966–972.

Soyka, M. (1995). *Die Alkoholkrankheit – Diagnose und Therapie.* Weinheim: Chapman Hall.

Soyka, M. (2006). Alkoholhalluzinose und Eifersuchtswahn. *Fortschritte der Neurologie-Psychiatrie, 74*(6), 346–352.

Soyka, M. & Koller, G. (1999). Klassifikation von Missbrauch und Abhängigkeit: Diagnostik aus psychiatrischer Sicht. In M. Soyka (Hrsg.), *Klinische Alkoholismusdiagnostik* (pp. 15–29, 52–79). Darmstadt: Steinkopf.

Squire, L. R. (1982). Comparisons between forms of amnesia: some deficits are unique to Korsakoff's syndrome. *Journal of experimental psychology. Learning, memory, and cognition, 8*(6), 560–571.

Stauch, S., Kircheis, G., Adler, G., Beckh, K., Ditschuneit, H., Gortelmeyer, R. et al. (1998). Oral L-ornithine-L-aspartate therapy of chronic hepatic encephalopathy: results of a placebo-controlled double-blind study. *Journal of hepatology, 28*(5), 856–864.

Sturm, W. & Wilmes, K. (1983). LPS-K – eine LPS-Kurzform für hirngeschädigte Patienten; mit Anleitung zur psychometrischen Einzelfalldiagnostik. *Diagnostica, 29,* 346–358.

Sullivan, E. V. (2003). Compromised pontocerebellar and cerebellothalamocortical systems: speculations on their contributions to cognitive and motor impairment in nonamnesic alcoholism. *Alcoholism, clinical and experimental research, 27*(9), 1409–1419.

Sullivan, E. V., Deshmukh, A., Desmond, J. E., Lim, K. O. & Pfefferbaum, A. (2000). Cerebellar volume decline in normal aging, alcoholism, and Korsakoff's syndrome: relation to ataxia. *Neuropsychology, 14*(3), 341–352.

Sullivan, E. V., Desmond, J. E., Lim, K. O. & Pfefferbaum, A. (2002). Speed and efficiency but not accuracy or timing deficits of limb movements in alcoholic men and women. *Alcoholism, clinical and experimental research, 26*(5), 705–713.

Sullivan, E. V., Harding, A. J., Pentney, R., Dlugos, C., Martin, P. R., Parks, M. H. et al. (2003). Disruption of frontocerebellar circuitry and function in alcoholism. *Alcoholism, clinical and experimental research, 27*(2), 301–309.

Sullivan, E. V., Lane, B., Deshmukh, A., Rosenbloom, M. J., Desmond, J. E., Lim, K. O. et al. (1999). In vivo mammillary body volume deficits in amnesic and nonamnesic alcoholics. *Alcoholism, clinical and experimental research, 23*(10), 1629–1636.

Sullivan, E. V. & Marsh, L. (2003). Hippocampal volume deficits in alcoholic Korsakoff's syndrome. *Neurology, 61*(12), 1716–1719.

Sullivan, E. V., Rosenbloom, M. J., Deshmukh, A., Desmond, J. E. & Pfefferbaum, A. (1995). Alcohol and the cerebellum: Effects on balance, motor coordination, and cognition. *Alcohol Health and Research World, 19*(2), 138–141.

Sullivan, E. V., Rosenbloom, M. J. & Pfefferbaum, A. (2000). Pattern of motor and cognitive deficits in detoxified alcoholic men. *Alcoholism, clinical and experimental research, 24*(5), 611–621.

Svanum, S. & Schladenhauffen, J. (1986). Lifetime and recent alcohol consumption among male alcoholics. Neuropsychological implications. *The Journal of nervous and mental disease, 174*(4), 214–220.

Tarter, R. E., Arria, A. & van Thiel, D. H. (1993). Liver-brain interactions in alcoholism. In W. Hunt & S. Nixon (Eds.), *Alcohol-Induced Brain Damage. NIAAA Research Monograph No. 22* (pp. 415–429). Rockville, MD: National Institute on Alcohol Abuse and Alcoholism.

Tarter, R. E., Switala, J. A., Arria, A., Plail, J. & Van Thiel, D. H. (1990). Subclinical hepatic encephalopathy. Comparison before and after orthotopic liver transplantation. *Transplantation, 50*(4), 632–637.

Teri, L., Logsdon, R. G., Uomoto, J. & McCurry, S. M. (1997). Behavioral treatment of depression in dementia patients: a controlled clinical trial. *The journals of gerontology. Series B, Psychological sciences and social sciences, 52*(4), 159–166.

Thomson, A. D. & Marshall, E. J. (2006). The natural history and pathophysiology of Wernicke's Encephalopathy and Korsakoff's Psychosis. *Alcohol and alcoholism, 41*(2), 151–158.

Tiffany, S. T. (1990). A cognitive model of drug urges and drug-use behavior: role of automatic and nonautomatic processes. *Psychological review, 97*(2), 147–168.

Tivis, R., Beatty, W. W., Nixon, S. J. & Parsons, O. A. (1995). Patterns of cognitive impairment among alcoholics: are there subtypes? *Alcoholism, clinical and experimental research, 19*(2), 496–500.

Trevisan, L. A., Boutros, N., Petrakis, I. L. & Krystal, J. H. (1998). Complications of alcohol withdrawal: pathophysiological insights. *Alcohol health and research world, 22*(1), 61–66.

Tucker, J. A. (1995). Predictors of help-seeking and the temporal relationship of help to recovery among treated and untreated recovered problem drinkers. *Addiction, 90*(6), 805–809.

Uchino, A., Takase, Y., Nomiyama, K., Egashira, R. & Kudo, S. (2006). Acquired lesions of the corpus callosum: MR imaging. *European radiology, 16*(4), 905–914.

van Asselen, M., Kessels, R. P., Wester, A. J. & Postma, A. (2005). Spatial working memory and contextual cueing in patients with Korsakoff amnesia. *Journal of clinical and experimental neuropsychology, 27*(6), 645–655.

Vandenberg, S. G. & Kuse, A. R. (1978). Mental rotations. A group test of three-dimensional spatial visualization. *Perceptual and Motor Skills, 47,* 599–604.

Vataja, R., Muuronen, A., Hillbom, M., Kajaste, S., Raininko, R., Seppalainen, A. M. et al. (1994). Neurological recovery after liver transplantation: a prospective study of 22 patients. *Transplant international, 7 Suppl 1,* 50–51.

Victor, M., Adams, R. & Collins, G. (1989). *The Wernicke Korsakoff Syndrome* (2nd ed.). Philadelphia: Davis Company.

Visser, P. J., Krabbendam, L., Verhey, F. R., Hofman, P. A., Verhoeven, W. M., Tuinier, S. et al. (1999). Brain correlates of memory dysfunction in alcoholic Korsakoff's syndrome. *Journal of neurology, neurosurgery, and psychiatry, 67*(6), 774–778.

Vogel-Sprott, M. D. (1979). Acute recovery and tolerance to low doses of alcohol: differences in cognitive and motor skill performance. *Psychopharmacology (Berl), 61*(3), 287–291.

Volkow, N. D., Hitzemann, R., Wang, G. J., Fowler, J. S., Burr, G., Pascani, K. et al. (1992). Decreased brain metabolism in neurologically intact healthy alcoholics. *The American journal of psychiatry, 149*(8), 1016–1022.

von Aster, M., Neubauer, A. & Horn, R. (2006). *Wechsler Intelligenztest für Erwachsene (WIE)*. Frankfurt/Main: Harcourt Test Services GmbH.

Wechsler, D. (1987). *WMS-R Wechsler Memory Scale – Revised*. San Antonio: The Psychological Corporation Harcourt Brace Jovanovich, Inc.

Wechsler, D. A. (1945). A standardized memory scale for clinical use. *Journal of Psychology, 19,* 87–95.

Wegner, C. (1990). *Ausmass, Charakteristik und Reversibilität kognitiver Defizite bei chronischem Alkoholismus. Eine empirische Studie. Dissertation*. Tübingen: Sofort Druck.

Weintraub, S. & Mesulam, M.-M. (1985). Mental state assessment of young and elderly adults in behavioral neurology. In M.-M. Mesulam (Ed.), *Principles of behavioral neurology* (pp. 71–123). Philadelphia, PA: F. A. Davis.

Wernicke, C. (1881). *Lehrbuch der Gehirnkrankheiten für Aerzte und Studirende* (Vol. 2, S. 229–242). Kassel: Theodor Fischer.

Wetterling, T. (1997). Entzug. In T. Wetterling & C. Veltrup (Hrsg.), *Diagnsotik und Therapie von Alkoholproblemen* (S. 98–115). Berlin: Springer.

Wetterling, T. (1999). Wertigkeit von Fragebogentests und biologischen Markern in der Alkoholismusdiagnostik. In M. Soyka (Ed.), *Klinische Alkoholismusdiagnostik* (S. 40–51). Darmstadt: Steinkopf.

Wetzel, H., Szegedi, A., Scheurich, A., Lorch, B., Singer, P., Schlafke, D. et al. (2004). Combination treatment with nefazodone and cognitive-behavioral therapy for relapse prevention in alcohol-dependent men: a randomized controlled study. *The Journal of clinical psychiatry, 65*(10), 1406–1413.

Wiegersma, S., de Jong, E. & van Dieren, M. (1991). Subjective ordering and working memory in alcoholic Korsakoff patients. *Journal of clinical and experimental neuropsychology, 13*(6), 847–853.

Wikler, A., Pescor, F. T., Fraser, H. F. & Isbell, H. (1956). Electroencephalographic changes associated with chronic alcoholic intoxication and the alcohol abstinence syndrome. *The American journal of psychiatry, 113*(2), 106–114.

Winterer, G., Kloppel, B., Heinz, A., Ziller, M., Dufeu, P., Schmidt, L. G. et al. (1998). Quantitative EEG (QEEG) predicts relapse in patients with chronic alcoholism and points to a frontally pronounced cerebral disturbance. *Psychiatry research, 78*(1–2), 101–113.

Wittchen, H., Zaudig, M. & Fydrich, T. (1997). *Strukturiertes Klinisches Interview für DSM-IV.* Göttingen: Hogrefe.

Yohman, J. R., Schaeffer, K. W. & Parsons, O. A. (1988). Cognitive training in alcoholic men. *Journal of consulting and clinical psychology, 56*(1), 67–72.

Zimmermann, P. & Fimm, B. (1993). *Testbatterie zur Aufmerksamkeitsprüfung (TAP) Version 1.02c.* Herzogenrath: Psytest.

Zinn, S., Stein, R. & Swartzwelder, H. S. (2004). Executive functioning early in abstinence from alcohol. *Alcoholism, clinical and experimental research, 28*(9), 1338–1346.

12   Anhang

Glossar

Acamprosat	Kalziumsalz von Acetylhomotaurin. Es ist mit den Neurotransmitter-Aminosäuren γ-Aminobuttersäure (GABA) und Glutamat sowie mit Taurin verwandt. Als Medikament (Handelsname: Campral; Anti-Craving-Substanz) zur Behandlung der Alkoholabhängigkeit, vermindert das Verlangen (craving) nach Alkohol.
Alpha-Wellen	Mittels Elektroenzephalograph (EEG) aufgezeichnete Kurven die die elektrische Aktivität des Gehirns anzeigen. Alpha-Wellen zeigen die typische Kurve eines wachen, entspannten Menschen.
Anterograde Amnesie	Bei Vorliegen einer anterograden Amnesie oder vorwärtswirkenden Gedächtnisstörung können nach einem schädigenden Ereignis neue Informationen nicht behalten und wiedergegeben werden. Neue Ereignisse werden innerhalb von Minuten wieder vergessen.
Apathie	Teilnahmlosigkeit; Gleichgültigkeit gegen äußere Eindrücke, von Krankheitswert beson-

100

	ders bei psychischen Erkrankungen und Demenzen.
Atemalkoholtest	Bei der Atemalkoholmessung wird mittels digital anzeigender Atemalkoholtestgeräten die Atemalkoholkonzentration (Äthylalkoholmenge in einem bestimmten Atemvolumen [g/l oder mg/l]) gemessen.
Ataxie	Störung der Bewegungskoordination und Gleichgewichtsregulation.
Atrophie	Gewebsschwund durch Größenabnahme der Zellen oder durch Abnahme der Zellzahl jeweils mit oder ohne gleichzeitige Veränderungen in der Zellstruktur.
Augenmotilitätsstörungen	Störung des Bewegungsvermögens bzw. der Beweglichkeit der Augenmuskeln.
Augenmuskelparesen	Augenmuskellähmung (Ophthalmoplegie); Lähmung eines oder mehrerer Augenmuskeln.
Blicklähmungen	Bewegungseinschränkung beider Augen für bestimmte Blickrichtungen infolge einer Schädigung der Blickzentren oder der Bahnen des Gesichtssinnes.
Blutalkoholkonzentration	Die Blutalkoholkonzentration (BAK) ist die Menge von Alkohol im Blut, üblicherweise angegeben in Promille.
Computertomografie	Computerbasierte Auswertung einer Vielzahl aus verschiedenen Richtungen aufgenommener Röntgenbilder, um ein dreidimensionales Bild zu erzeugen.
Delirium	Akuter Verwirrtheitszustand; akute psychische Störung, die eine organische Ursache hat (z. B. medikamentös, infektiös, postoperativ bedingt).
Delirium tremens	Besondere Art des Deliriums infolge Alkoholabhängigkeit in der Regel mit starkem Zittern (Tremor) der Glieder und der Zunge.
Derealisiation	Zeitweilige oder dauerhafte abnorme oder verfremdete Wahrnehmung der Umwelt.
Depersonalisation	Verlust bzw. die Veränderung des ursprünglichen, natürlichen Persönlichkeitsgefühls.

Diencephalon	(Zwischenhirn) Enthält u. a. Thalamus und Hypothalamus und ist für das deklarative Gedächtnis von zentraler Bedeutung.
Drink Less Program	Therapeutische Intervention mit dem Ziel, weniger Alkohol zu konsumieren. Es werden Konsumregeln (nie vor 18 Uhr etc.) erarbeitet und angewandt.
Dirty Drug	Medikament (oder Substanz), das im Gehirn nicht spezifisch, sondern unspezifisch an verschiedene molekuläre Bindestellen oder Rezeptoren bindet und dadurch eine große Bandbreite an Wirkungen und Nebenwirkungen hat.
Elektroenzephalogramm (EEG)	Messung der summierten elektrischen Aktivität des Gehirns mit Hilfe von Elektroden in bestimmten Abständen an der Schädeloberfläche.
Effektstärke (ES)	Standardisiertes Maß für Merkmalsunterschiede zwischen zwei Gruppen. Beispielsweise wird die Differenz der Gruppenmittelwerte durch die Standardabweichung der Kontrollgruppe oder durch die gemeinsame Standardabweichung beider Gruppen dividiert.
Entzugskrampfanfall	Durch das Ausfallen der sedierenden Wirkung des Alkohols kommt es im Alkoholentzug zu gravierenden Abweichungen des Neurotransmittergleichgewichts im Gehirn. Das Gehirn ist hoch erregbar, die individuelle Krampfschwelle kann überschritten und ein generalisierter epileptischen Anfall ausgelöst werden.
Entzugssyndrom	Körperliche und psychische Entzugserscheinungen.
Ereigniskorrelierte Potenziale	Durch Sinneswahrnehmungen oder kognitive Prozesse (Testaufgaben) ausgelöste Wellenformen im Elektroenzephalogramm (EEG), die durch wiederholte Reizdarbietungen aus dem Spontan-EEG herausgefiltert werden können.
Glutamat	Wichtigstes erregendes Neurotransmittersystem. Die Ausschütttung von Glutamat erhöht die Wahrscheinlichkeit für die Auslösung von

	elektrischen Aktionspotenzialen, die über die Nervenzellen weitergeleitet werden.
Gramm Alkohol pro Tag	Umrechnungseinheit zur leichteren und einheitlichen Kommunikation von Trinkmengen: 20 Gramm reiner Alkohol entspricht ungefähr 0,5 Liter Bier, 0,25 Liter Wein oder Sekt und 0,08 Liter Spirituosen.
Hämorrhagische Läsionen	Durch Blut bedingte Schädigung.
Kappa-Koeffizient	Gibt den Grad der Übereinstimmung zwischen mehreren Beurteilern (Ratern) an. Die beobachtete Übereinstimmung der Urteile wird an der zu erwartenden zufälligen Übereinstimmung relativiert. Bei guter Übereinstimmung ist $\kappa > 0{,}7$.
Kortikal	Die Großhirnrinde heißt lateinisch Cortex cerebri. Kortikal bedeutet, die Großhirnrinde betreffend.
Läsion	Schädigung, Verletzung oder Störung einer anatomischen Struktur oder physiologischen Funktion.
Mammillarkörper	Liegen am Vorderende des Fornix, gehören zum Hypothalamus und damit zum Diencephalon. Als Teil des Papez-Kreises zentral für das Gedächtnis.
Metaanalyse	Zusammenfassung verschiedener inhaltlich gleicher Originalstudien, um zu überprüfen, ob ein Effekt vorliegt und wie groß dieser ist.
Magnetresonanztomografie (MR, MRT)	Bildgebendes Verfahren, das magnetische Felder und hochfrequente elektromagnetische Wellen zur Darstellung der Gewebestrukturen im Körperinneren nutzt.
Naltrexon	Medikament (Handelsname Nemexin), das zur Behandlung der Alkoholabhängigkeit eingesetzt wird. Es ist eine so genannte Anti-Craving-Substanz. Sie soll den µ-Opioid-Rezeptor blockieren und das Verlangen (craving) und die belohnenden Eigenschaften des Alkohols reduzieren.
Neuropathologie	Teilgebiet der Pathologie zu Erkrankungen des Zentralnervensystems, der Hirnhäute (Meningen) und der peripheren Nerven.

Neurophysiologie	Teilgebiet der Physiologie, das sich mit den physikalischen, biochemischen und informationsverarbeitenden Funktionen des Nervensystems befasst.
Neuroradiologie	Teilgebiet der Medizin zur Darstellung und Beurteilung des Nervensystems mit Bildgebungsverfahren, unter anderem Magnetresonanztomografie (MRT), Computertomografie (CT) und Sonografie.
Neurotransmitter	Biochemische Stoffe, die im synaptischen Spalt zwischen zwei Neuronen (Nervenzellen) die Information von einer Nervenzelle zur anderen übertragen.
Rezeptor	Spezialisierte Zelle oder Proteinkomplex der Zellmembran, bringen bestimmte äußere und innere chemische oder physikalische Reize in eine für das Nervensystem verständliche Form und lösen biochemische Signalprozesse aus.
Rezeptor-Antagonist	Hemmt einen agonistisch wirkenden Stoff (Hormon oder Neurotransmitter) durch Blockierung seiner Bindungsstelle (Rezeptor), ohne selbst einen Effekt auszulösen.
Rehydratationshypothese	Annahme, dass die Volumenzunahme des Gehirns nach dem Alkoholentzug durch Einlagerung von Wasser zu erklären ist.
Retrograde Amnesie	Unfähigkeit, sich an Ereignisse zu erinnern, die vor der Verletzung oder Erkrankung liegen.
Positronen-Emissions-Tomografie (PET)	Bildgebendes Verfahren der Nuklearmedizin. Bildet die Verteilung einer schwach radioaktiv markierten Substanz (Radionuklide, die Positronen emittieren β^+-Strahler) im Organismus und damit biochemische und physiologische Vorgänge ab (funktionelle Bildgebung).
Soziales Trinken	Sozial durchschnittlicher oder sozial akzeptierter Alkoholkonsum.
Single Photon Emission Computed Tomography (SPECT)	Bildgebendes Verfahren der Nuklearmedizin. Bildet die Verteilung einer schwach radioaktiv markierten Substanz (Radionuklide emittieren Gammastrahlung) im Organismus und

104

	damit biochemische und physiologische Vorgänge ab (funktionelle Bildgebung).
Subkortikal	Unterhalb der Großhirnrinde *(Cortex cerebri)* angesiedelt.
Sulci	Windungsfurchen zwischen den Hirnwindungen (Gyri) auf der Hirnoberfläche.
Syndrom	Gleichzeitiges Vorliegen verschiedener Merkmale (Symptome) mit einheitlicher Ursache, aber wenig bekannter Pathogenese.
Tachykardie	Anhaltende Pulsbeschleunigung auf über 100 Schläge pro Minute.
Thalamus	Größter Teil des Zwischenhirns. Hier laufen alle Signale von Sinnesorganen zusammen und werden an die Gehirnrinde weitergegeben.
Thiamin	Vitamin B_1, ist für die Funktion des Nervensystems unentbehrlich.
Ventrikel, ventrikuläres System	Innere Hohl- bzw. Hirnwasserräume im Gehirn.